하와이 대저택

" 성공한 당신은 이미 존재한다. "

더 마인드

더 마인드

무 의 식 이 이 끄 는 부 의 해 답

THE MIND

하와이 대저택 | 10만 부 기념 코멘터리 북

웅진 지식하우스

상상은 모두 이루어졌다.

너무 춥지도 덥지도 않은 적당한 온도,

내 몸을 따스하게 감싸는 바람.

미국의 50번째 주, 태평양의 낙원이라는 하와이에

나와 우리 가족을 위한 대저택이 있다.

두 대의 차를 넉넉히 주차할 수 있는 멋진 차고가 있고,

앞마당에 싱그러운 잔디가 깔린 2층 집은 소박하지만 아름답다.

집 앞 푸른 잔디밭에서 내 아이는 뛰놀고

아내와 나는 그 모습을 바라보며 커피 한 잔을 마신다.

이곳에서 나는 '내 삶의 육하원칙'을 스스로 정하며 살아간다.
누가, 언제, 어디서, 무엇을, 어떻게, 왜 일하는지를
바로 내가 결정한다는 뜻이다.
또한 나는 지금보다 더 많은 삶을 원하는 이들과
지속적으로 소통하고 있다.
단 한 명이라도 자신이 진정으로 원하는 삶을 알아차리고
그토록 간절히 바라는 삶에 보다 가까이 다가갈 수 있기를 바라며
나의 인생철학과 메시지를 꾸준히 전하고 있다.

이것은 내가 원하던 삶이며,
'이미 현실화된' 2026년 즈음의 '나의 어느 날'이다.

"도대체 무슨 말이죠? 3년 뒤의 일을 지금 어떻게 알아요?"

곧바로 이렇게 반문하고 싶을지 모르겠다. 한 치 앞도 모르는 것이 인생이라고 생각할 테니까. 그러나 사실 이건 이미 존재하고 있는 또 하나의 '현실'이다. 하와이에서 행복하고 건강하게 잘 살고 있는 2026년의 나와 우리 가족은 지금 이미 존재하고 있으니까. 작년에 태어난 아이를 위해 잠시 계획을 미뤄두었을 뿐, 이미 하와이에 우리 가족을 위한 집을 구입할 자금은 마련되었기 때문이다. 이주공사를 통해 담당 변호사와 함께 이주 비자 등을 포함한 절차적인 부분도 모두 준비해놓았다.

"금수저인가요? 제가 금수저의 이야기를 왜 들어야 하죠?"

그렇지 않다. 작년 이맘때만 해도 나는 월급 외에는 아무런 수입이 없는 평범한 직장인이었다. 정해진 호봉대로 월급을 받았으므로 파격적인 연봉 인상을 기대할 수도 없었다. 나는 누가 봐도 특별할 것 없는 집안에서 태어나 평범한 '스펙'으로 운 좋게도 공기업에 입사했고, 그 사실을 축복으로 생각하며 살았다. 내가 다니는 직장이 세상의 전부인 줄 알았던 사람이다. 특별히 투자의 귀재였던 것도 아니다. 유난히 재테크에 밝거나 손만 대면 사업에 승승장구하는 유형 또한 전혀 아니었다. 그런데도 나는 지금 예전에 받던 연봉보다 훨씬 많은 돈을 한 달 안에 벌어들이는 수준의 경제적 자유를 얻었고, 마흔의 나이에 그토록 원하던 삶을 살게 되었다. 부는 계속해서 쌓이고 있으며 더 이상 돈 걱정을 하지 않는다.

어떻게 된 일일까? 여기에 대해 답하려면 먼저 칠흑같이 어두운 터널과도 같던 나의 30대를 이야기해야만 한다. 꿈을 이루었다고 생각했지만 사실은 그렇지 않았던 시간들, 지옥 같은 경험을 빼놓을 수 없다. 그 시간을 거치며 비로소 나는 내가 어떤 삶을 원하는지 뼈저리게 알아차렸다. 그리고 바로 그 순간부터, 나의 경이로운 삶이 시작되었다.

지금부터 도대체 무엇이 내 머릿속에 무형으로만 존재하던 '상상의 현실'을 물리적으로 현실화했는지를 전하려 한다.

내 삶이 이게 다는 아닌 것 같은가?
절대로 지금처럼 평생 살다 가고 싶지 않다는 생각이 드는가?
원하는 삶을 살아보고 싶다는 절실함과 열망이 있는가?

그렇다면 해운대 백사장에 깔린 수많은 모래알 중 하나와 다를 바 없었던 평범한 나의 이야기가 도움이 될 것이다. '하와이 대저택'이라고 불리는 사람이 겪어온 시행착오, 눈치 없던 나에게 고맙게도 지속적인 시그널을 보내주었던 나의 무의식, 그리고 단기간에 맞이한 극적인 변화의 과정을 공유하고자 한다. 내 경험이 단 한 명의 내면을 1%라도 변하게 할 수 있기를 진심으로 바란다. 100%의 변화는 1%의 아주 작은 변화에서 비롯되기 때문이다. 인생이 100% 바뀐 모든 사람은 단 한 명의 예외도 없이 1%의 변화부터 경험했다. 1%가 없다면 당연히 100%는 없다.

그 1% 변화가 이 책에서 비롯된다면
더 이상 바랄 것이 없겠다.

원하는 현실을 만드는 해답,
그 단 하나의 비밀은 당신 안에 있다

아직 어둠이 가시지 않은 새벽. 조수석에 커다란 보온병을 싣고 차가 달린다. 날마다 서울에서 인천까지 출퇴근을 하시던 아버지의 차다. 보온병 안에는 매일 잔기침을 달고 사는 아버지를 위해 어머니가 손수 달인 도라지즙이 담겨 있다. 정신없는 새벽 시간, 아버지는 그렇게 보온병을 차에 '태우고' 출발하셨다. 가족을 먹여 살리기 위해.

한 여성이 작은 주먹을 꼭 쥐고 누군가의 아파트 현관문을 연신 두드린다. 안에서 인기척이 느껴지지만 그 문은 결코 열리지 않는다. 핑 도는 눈물을 애써 삼킨 후, 걸어서 아래층으로 내려간다. '온라인 판매'라는 개념조차 없던 시절, 대형 출판사

영업사원이던 어머니는 그렇게 모르는 집 대문을 두드려가며 하루 열두 시간을 밖에서 보냈다.

그때 내가 몇 살이었는지 정확히 기억나지 않는다. 어린 나의 눈에도 그 누구보다 부모님이 열심히 일하셨다는 것만은 확실히 보였다. 그리고 우리 가족이 부자가 아니었다는 것도 분명했다. 자라면서 나는 이에 대해 단 한 번도 이상함을 느끼지 못했다. 부모님은 누구보다 치열하게 사셨음에도 우리 집이 부자가 아니라는 게 전혀 이상하지 않았다는 말이다. 우리 가족은 '원래' 중산층 정도니까. '원래' 부자인 사람은 따로 있으니까.

우리 부모님만 이렇게 열심히 살아온 건 아니다. 당신의 부모님도, 과거의 나도, 지금의 당신도 참 열심히 살았고, 그렇게 살아가고 있다. 그러나 '열심히 사는 것'과 '진짜로 원하는 삶을 사는 것(이것이 내가 생각하는 성공에 대한 정의다)'은 별개의 이야기이다. 그저 하루하루 열심히 산다고 해서 원하는 삶을 살 수 있는 건 결코 아니기 때문이다. 어떻게 해야 열심히 사는 것으로 끝나지 않고 원하는 삶을 이뤄낼 수 있을까? 어쩌면 지금껏 당신이 조금도 관심을 기울인 적 없었을지 모르는 '마인드'에 모든 것이 달려 있다. 즉 당신의 무의식(혹은 잠재의식)에 지금 어떤 소프트웨어가 설치되어 있는지가 중요하다. 그러니 '이렇게 열심히 사는데 나는 왜 성공을 못 하나? 돈이 왜 안 모이지? 이래서 부자는 언제 되나…' 하는 고민은 애초에 성립하지 않는다. 제대로 된 '마인드' 없이 '성공'을 바라는 것은, 국내선 항공기에 탑승해놓고 이 비행기가 왜 미국으로 가지 않느냐며 발을 동동 구르는 것과 똑같으니까.

'원래' 중산층이었던 그 아이는 이후 30년이 넘도록 중산층으로 살았다. 무의식에 설치된 소프트웨어가 정확히 그렇게 살도록 안내했기 때문이다. 그러다 무의식(잠재의식)의 존재를 눈치챘고, 이것이 삶의 95%를 차지한다는 사실을 알아냈다. 그는 스스로 소프트웨어를 갈아 끼웠다. 무의식에 내재된 중산층 소프트웨어를 삭제하고, 부와 성공의 소프트웨어를 새로 설치했다. → 처음부터 소위 '금수저'로 태어나는 것보다 이렇게 성취해내는 것이 압도적으로 '가치'있다.
인생이 바뀌는 과정에서 삶의 많은 것들을 배울 수 있으며, 이는 인생을 더 풍성하게
이제 더는 돈 걱정을 하지 않는다. 오히려 자산은 점점 가파 만들어주기
르게 쌓이고 있다. 직장인 시절 받던 연봉보다 훨씬 더 많은 돈 때문이다.
을 매월 세금으로 내는 '고액 납세자'가 되었다. 그렇다. 평범한 직장인에서 마인드로 인생을 바꾼 나의 이야기다.

아마도 이 책을 읽는 당신은 '마인드'라는 단어에 대해 깊이 생각해보지 않았을 확률이 높다. '마인드 컨트롤' 같은 단어에는 익숙하지만, 마인드 자체에는 큰 관심이 없었을 것이다. 도대체 왜 사람들은 '마인드'에 무관심할까? 당연한 일이
↳ 정말 대충 '중요하다' 정도만 생각할 뿐 95% 이상의 사람들은 관심이 없다.
그런데 지금껏 이 '마인드'의 중요성을 무시한 채 성공한 사람은 단 한 명도 본 적 없다.
(있다고 해도 성공을 오래 유지하지 못한다.) 그래서, 소수만 성공을 한다.

다. 마인드는 눈에 보이지 않기 때문이다. 혈압 측정기처럼 '마인드 측정기'가 있다면 사람들은 매일 마인드에 민감하게 반응하며 어떻게 하면 '마인드 수치'를 이상적으로 유지할 수 있을지 생각하며 살았을 것이다. 물론 마인드 측정기 같은 것은 세상에 없다. ⌐눈에 보이는 건 '믿는 것'이 아니다. 그냥 거기 '있는 것'일 뿐

사람들은 보통 눈에 보이지 않으면 믿지 않으려 한다. 눈앞에 가져다 놓으면 그제야 '진짜 중요한지 아닌지 판단해보겠다'는 태도를 보인다. 그런데 원래 세상에는 인간이 볼 수 있는 것보다 볼 수 없는 것들이 압도적으로 많다. 또한 중요한 것들은 모두 '보이지 않는 곳'에 있다. 예를 들어보겠다. 우리가 관측할 수 있는 우주와 바다의 영역은 5%가 채 되지 않는다. 우주를 구성하는 요소 중 우리가 아는 것은 4.9%를 차지하는 일반(중입자) 물질뿐이지만, 그조차도 맨눈으로는 볼 수 없다. 양자역학에서 다루는 (의심의 여지없이 존재하는) 미시 세계도 우리는 볼 수 없다. 어디 이뿐인가? 당신의 마인드, 그러니까 무의식 혹은 잠재의식, 잠재력, 가치, 신뢰, 자신감과 자존감, 에너지, 두려움, 불안, 시간…. 살아가는 데 엄청나게 중요한 이 모든 것이 우리 눈에 보이지 않는다.

더 많은 경험과 삶, 부富를 위해, 그리고 궁극적으로 인생을

바꾸고 원하는 삶을 살기 위해서는 그중에서도 마인드가 가장 중요하다. 이 책은 바로 그 마인드에 관한 이야기다. 『더 마인드』의 마지막 장을 넘길 때쯤, 당신은 마인드의 중요성을 깨닫는 것을 넘어 '행동'하게 되리라 장담한다. 무슨 행동? 당신이 원하는 삶을 사는 데 필요한 모든 행동이다. 그러니 이왕 이 책을 읽기로 결심했다면 '그저' 읽지 마시라. 온 마음을 다해 읽고, 또 읽어야 한다. 책에 메모를 하고, 밑줄을 치고, 귀퉁이를 접어가며 피 대신 생각이 흐르게 한다는 심정으로 톺아보기를 권한다. 또한 끊임없이 당신의 상황에 '대입'하며 읽어야 한다. 이게 바로 책을 진짜 내 것으로 '커스터마이징'하는 방법이다. 그렇게만 한다면 당신은 변화한다. 당신의 삶 또한 바뀐다.

지금 우리는 이른바 '성공 방법론 과잉 시대'에 살고 있다. 당신 역시 그간 '이렇게 하면 성공한다'는 콘텐츠들을 적지 않게 접해왔을 것이다. 그러나 당신의 삶에 극적인 변화는 없었다. 왜 그럴까? 그 뛰어나다는 방법론들에는 당신의 생각을 '탁' 하고 쳐주는 '울림'이 없었기 때문이다. 생각은 감정을, 감정은 행동을, 행동은 결과를 낳는다. 맨 앞에 있는 '생각'이 진동하도록 울림이 닿아야 그동안 한 번도 느끼지 못했던 감정이 생기고, 그 감정으로 인해 지금껏 한 번도 하지 않았던 행동을 하게 된다. 그 행동이 결과를 가져오며 인생이 바뀐다. 당신이 이 모든 변화의 과정을 겪게 되기를 간절히 바란다. 물론 긍정적인 구호나 '좋은 말 대잔치'로는 당신의 머릿속에 있는 '생각의 종'을 쳐서 울림과 소리를 낼 수 없다는 사실을 잘 알고 있다. 나는 이 책을 통해 당신의 생각을 강력하게 건드려, 당신의 인생이 기어코 바뀌게 만들 것이다.

이 책은 결코 학술적이지 않다. 100% 내가 직접 경험하고 느낀 정수만 담았다. 1년에 200권 이상, 지금까지 수천 권의 책을 읽었지만 마찬가지로 그중에서도 내가 직접 해보고 느낀 점만 전하고자 한다. 한마디로, 마인드의 세계를 이해하고 실행에 옮기는 데 불필요한 설명은 모두 없앴다. 책에 학술적인 내용이 가득하다면 당신은 이를 이해하기 위해 별도로 또 공부해야 할지도 모른다. 그럼 얼른 성공해서 인생을 바꿔야 하는 당신의 시간이 지체되지 않겠는가. 이는 마치 운전면허를 따고 싶을 뿐인데 자동차의 구동 메커니즘에 대한 공학적 지식을 이해하느라 골머리를 앓는 것과 같다. 빠르게 인생을 바꾸고 싶다면 학술적인 내용을 공부하기보다는 마인드에 대해 가장 쉽고 정확하게 안내하는 책을 읽고 하루라도 빨리 '행동'에 옮기는 편이 낫다.

당신은 바로 어제까지도 마인드에 큰 관심이 없었다. 그게 얼마나 중요한지 크게 궁금하지 않았을 수도 있다. 괜찮다. 이 책의 첫 장을 넘겼다는 것만으로도 이제는 인생을 변화시키는 것이 연봉, 저축, 주식, 부동산 투자법이 아니라 그 원천에 있는 '마인드'라는 사실을 눈치챌 가능성이 이전과는 비교할 수 없을 정도로 높아졌으니까. → 사실 이는 너무 당연한 것이다. 누가 좋다고 해서 해봤는데 효과도 없고, 왜 하는지도 모르겠고, 시간만 아까웠던 경험을 떠올려보라. 학생 시절 '야간자율학습' 때 왜 엎드려 잠을 자는가. 반면 스스로 원해서 신청한 요리 '원데이 클래스'에서는

미리 해둘 말이 있다. 나보다 마인드에 대해 깊은 학문적 조 그 누구도 엎드려 예를 지닌 사람, 훨씬 더 많은 부를 가진 사람은 얼마든지 많 잠을 자지 다. 나는 일찌감치 사업에 뛰어들어 건실한 기업을 일궈낸 기 않는다. 업가도 아니고, 투자의 귀재도 아니며, 돈 버는 데 탁월한 감각을 지닌 사람도 아니다. 오로지 마인드를 통해 끝내 원하는 삶으로 인생을 바꿔낸 한 평범한 사람일 뿐이다. 피아노를 처음 배우려는 당신에게는 세계적인 조성진 피아니스트보다 동네 피아노 선생님의 친근한 레슨이 훨씬 도움이 될 것이다. 나는 그런 '동네 피아노 선생님'을 자처한다. 당신 옆에 나란히 앉아 서툰 당신의 마음과 어설픈 움직임을 이해해주고 바로잡아 줄 수 있는 그런 역할을 해줄 수 있기 때문이다.

이 책이 부디 당신이 '진짜로 원하는' 삶을 사는 데 단 1%라도 도움이 되기를 진심으로 바란다. 그리고 반드시 그러리라 확신한다.

16

당신은 성공한다. 당신이 그걸 원했기 때문에.

머지않아
원하는 삶을 현실화할 당신에게
2023년 겨울, 하와이 대저택

차례

THE MIND

부와 성공의 원칙을
인수분해하다

56

제1원칙 무의식에 설치된 가난을 삭제하라

THE MIND

THE

나는 어떻게
경제적 자유를
끌어당겼는가

MIND

"우리가 아들 하난 잘 키웠지, 정말. 그렇지 않아?"

수백 대 일의 경쟁률을 뚫고 회사 합격 통보를 받은 날, 부모님은 '신의 직장'에 취업했다며 나보다도 더 기뻐하셨다. 야구에서 끝내기 역전 홈런을 친 기분이었다. 좁디좁은 취업문을 뚫고 드디어 해냈다. 그것도 대기업 수준의 연봉에 정년이 보장된 공기업이었다. 정년퇴직 이후에는 연금까지 나오니 돈 걱정은 할 필요가 없었다.

대기업 직원이지만 야근과 승진 경쟁, 얼마나 더 다닐 수 있을지 모른다는 불안감에 시달리던 친구들과 언제 매출이 뚝 떨어질지 알 수 없어 불안해하는 자영업자 선배도 나를 부러운 눈으로 바라보았다. 이 정도면 내 인생도 성공했다는 생각이 들었다. 하지만 이 생각은 입사한 지 얼마 지나지 않아 깨졌다.

'공기업'이라고 하면 다들 '칼퇴(정시 퇴근)'와 '워라밸(일과 삶의 균형)'이 당연한 줄 안다. 그러나 몇몇 부서는 이야기가 다르다. 20%가 전체 생산량의 80%를 해낸다는 '파레토의 법칙'이 그대로 적용되는 곳이었다. 입사 후 얼마 되지 않아서 나는 일의 강도가 세기로 악명 높은 주요 부서로 발령이 났고, 그곳에서 나쁜 상사를 만나 정말 과로사할 정도로 많은 일을 했다. 2년 동안 주말 출근을 했고 그중 대부분은 출근한 날 퇴근하지 못했다. 매일같이 밤 12시가 넘어서 퇴근했다는 뜻이다. 그것도 모자라 집에서는 모니터 두 개를 식탁에 세로로 세워놓고 계속 일을 했다. → 이 시기는 차마 글로 다 표현할 수 없을 정도로 고통스러웠다. 그리고 이때 절실히 느꼈다. 그 누구도 나를 구원해주지 않는다는 것을 말이다.

바로 옆 부서만 해도 저녁 6시만 되면 매우 한산했다. 입사 동기들은 정시 퇴근은 물론이고 금요일이면 주말 계획을 세우느라 바빴다. 같은 날 입사했는데도 나와 전혀 다른 삶을 사는 동기들을 보며 나는 상대적 박탈감과 자괴감에 빠졌다. '나인 투 식스(9 to 6)'가 철저하게 지켜지는 조직 문화에서 이렇게 혹사당하는 직원이 있을 줄은 누구도 상상하지 못했을 것이다.

"또 주말에 일하러 나왔던 거야? 왜?"

"야, 그냥 사고를 쳐. 그럼 그 부서에서 바로 빼줄걸."

참다못해 고민을 털어놓으면 동료들은 별생각 없이 조언했다. 일을 적게 하려고 일부러 사고 치면서 정년까지 버티는 삶이라…. '일부러 사고를 치며' 살아야만 내가 살 수 있다는 건가? 아니, 무엇보다 내가 정년까지 버틸 수나 있을까? 이게 내가 원했던 삶이었나? 아무런 무게감이 느껴지지 않는 동료들의 조언은 나에게 전혀 도움이 되지 않았다. 제아무리 공감 능력이 뛰어난 사람이라도 본인이 직접 경험해보지 않은 일에는 진정으로 공감할 수 없다는 평범한 진리만 다시 한번 뼈저리게 깨달았을 뿐이다. 이곳에서 탈출하고 싶다는 생각이 머리 끝까지 차오를 때면 '그래도 남들 다 부러워하는 좋은 직장이니까'라며 떨쳐버리려 애썼다.

안타깝게도 내게 닥친 불행은 이뿐만이 아니었다. 큰돈을 벌고 싶다는 마음에 섣불리 단행한 인생 첫 투자에서 혹독한 ✱(실패)를 경험하게 된 것이다.

↳ 사실, 나는 이 단어를 쓰지 않는다. 그러나 당신에게 조금 더 와닿게 하고 싶어 사용했다. 그리고 기회가 '기회'라고 겉에 대놓고 쓰여 있는 경우는 없다. 실패, 위기, 좌절, 위험, 두려움, 리스크라는 표지 속에 '기회'라는 알맹이가 들어 있었다.

마인드 없는 행동과 결과는
손으로 움켜쥘 수 없는 홀로그램과 같다

───

어느 날, 오래 알고 지낸 지인에게서 연락이 왔다. 충청남도 서산에 개발 예정인 땅이 있는데 이곳에 투자하면 큰돈을 벌 수 있다고 했다. 우리나라 항구 중 중국과 가장 가까운 곳이니

개발만 되면 물류 허브가 되어 땅값이 스무 배까지도 오를 것이라는 솔깃한 정보였다. 개발의 청사진이 그려진 건설사의 웅장한 프레젠테이션을 믿었다. 나는 홀린 듯이 가진 돈을 모두 쏟아붓기로 했다. 그동안 모은 돈에 신용대출까지 합쳐 전 재산 '1억 원'을 주고 덜컥 땅을 샀다.

한참이 지나서야 이것이 명백한 사기라는 사실을 깨달았다. 그날의 충격을 지금도 잊지 못한다. 피해자는 한둘이 아니었다. 심지어 수십억 원을 사기당한 이도 있었다. 이 사건의 집단소송을 담당한 법무사는 내 전화를 받자마자 이렇게 말했다.

"아이고, 참 일찍도 연락하셨네. 아니, 그게 사기라는 걸 이제야 눈치채셨어요?"

수화기 너머로 들려온 법무사의 목소리는 비난이나 조롱이 아니라 안타까움에 가까웠지만, 나는 망치로 뒤통수를 맞는 그 이상의 큰 충격을 받았다. 순식간에 입안이 바싹 말라 목소리조차 나오지 않았다. 토지 매매 계약서와 관련 자료를 꺼내는 내 손이 아침 드라마에서 보던 장면처럼 덜덜 떨렸다. '입에 침이 마른다'라는 말이 어떤 느낌인지, 혀가 굳어 목 뒤로 말려 들어가는 그 느낌을 생전 처음 느낄 수 있었다. 마인드를 제대로 갖추지 않고 섣불리 큰돈을 벌어보려던 나의 시도는 완전한 실패로 끝났다.

이것이 정말
내가 원하던 삶인가

'내가 정말 성공한 게 맞나?'

언젠가부터 나에게 되묻기 시작했다. 분명 나는 많은 이들이 부러워하는 직장에 다니고 있었다. 요즘 같은 시기에 엄청난 잘못이나 비리를 저지르지 않는 이상 정년이 보장되고, 높은 수준의 월급을 주는 곳, 나에게는 해당하지 않았을지언정 원칙적으로 '빨간 날'은 모두 쉴 수 있는 직장이 어디 흔한가. 심지어 연금까지 나오니 평생 안락한 삶이 보장되어 있지 않은가. 그러나 당시의 나는 어떻게든 현실을 벗어나고 싶어 발버둥 치고 있었다. 참지 못하고 큰돈을 벌어보려는 마음에 성급하게 투자하다 결국 처참한 실패를 맞고 말았다.

인생의 방향이 조금씩 어긋나는 듯했다. 내 무의식 또한 무언가 잘못되었다는 신호를 계속 보내고 있었다.

가장 먼저 울린 사이렌은 '건강'이었다. 입사하고 몇 년 뒤, 나는 20만 명당 1명꼴로 발병하는 '메니에르병'이라는, 사실상 불치병에 가까운 난치병을 얻었다. 온몸을 순환해야 하는 내內 림프액이 달팽이관을 포함한 귓속을 원활히 통과하지 못해 생기는 병으로, 발병 초기에는 귀에 물이 들어간 것처럼 멍멍하다가 심해지면 만취한 것처럼 세상이 빙글빙글 돈다. 제때 치료하지 않으면 아예 청력을 잃을 수도 있는 치명적인 병이다. 나 역시 이 병으로 인해 왼쪽 귀의 청력을 오른쪽 귀에 비해 30%나 잃었다. (지금도 스트레스를 많이 받거나 피로가 몰려올 때면 귀가 멍해진다. 내가 진정으로 원하지 않았던 직장인의 삶을 이어가기 위해 평생 관리해야 하는 난치병을 얻었다는 사실이 뼈아프게 느껴진다.) 그즈음 나는 늘 회사에 큰 백팩을 메고 다녔다. 내과, 신경외과, 이비인후과, 정형외과 등 각종 병원에서 받아 온 약을 넣고 다녀야 했기 때문이다. 하루치 약이 가방 한가득 들어찰 지경이었다. 그때 산부인과를 제외한 거의 모든 과의 진료를 받았다고 해도 과언이 아니다.

그러는 와중에도 수백 명 직원 중 단 몇 명에게 주어지는 최고 등급 'S' 고과를 3년 연속 받았다. 건강을 '갈아 넣으며' 일한 덕분에 최연소 인사 팀장으로 발탁되었지만 과도한 업무 부담은 달라지지 않았다. 나는 인사 팀장으로서 노동조합과의 마찰을 최전선에서 대처하는 일을 맡았다. 소위 '양대 노총'이라 불리는 한노총(한국노동조합총연맹)과 민노총(전국민주노동조합총연맹)이 복수노조로 존재하는 상황에서 노무 업무란 상상 이상으로 가혹했다. 노무 업무와 관련 없는 대부분의 직원들은 무슨 일이 일어나는지 아예 관심조차 없었지만, 노조와의 마찰은 변수가 아닌 상수였다. 노조에서 기관을 상대로 소송을 걸면 관할 법원과 검찰청, 경찰청, 노동위원회까지 장소를 가리지 않고 출두해야만 했다. 처음에는 '생범팀'이라고 불리는 '생활 범죄 수사팀'에서 조사를 받았다. 그다음에는 형사 1팀, 형사 2팀에도 불려갔다. 급기야 강력 범죄를 다루는 강력계에서 나를 호출할 때는 회의감이 몰려왔다. 그저 열심히 일했을 뿐인데 경찰서에 앉아서 진술서의 각 페이지에 지장을 찍는 내 모습을 스스로도 도무지 이해할 수 없었다. 그렇게 내 지장이 찍힌 서류가 못해도 수백 장에 달했다.

이게 내가 원하던 삶인가? 나는 각종 민원에 시달리고 경찰에 출두하며 극심한 불면증에 시달렸다. 그러던 어느 날 밤, 불을 *끄고* 침대에 누웠는데 어디선가 '쿵! 쿵! 쿵!' 하는 소리가 반복적으로 울려왔다. 내 심장이 뛰는 소리였다. '이렇게 죽는구나' 싶은 공포와 두려움이 머릿속을 가득 채웠다. 심장은 여전히 믿을 수 없을 만큼 두방망이질을 쳤다. 공황장애였다.

건강의 사이렌은 신체 전반을 집어삼키고 나의 정신까지 침범하기 시작했다. 마음의 병은 눈에 보이지 않기에 더욱 괴롭다. 얼마나 상처가 깊은지 알 수 없고, 이 병이 내 삶에 언제까지 영향을 미칠지 알 수 없기 때문이다. 점점 내 인생의 초점은 어긋나고 있었다. 스마트폰 일정표에는 항상 두세 달 뒤의 일정까지 단 하루도 빠짐없이 들어차 있었으며 하루 일정은 1시간 단위로 빼곡히 채워져 있었다. 목을 조이듯 압박하는 숱한 할 일들 사이에서 나는 시간과 건강을 잃어가면서 하루하루 수천 번의 한숨과 함께 버티며 살아내고 있었다.

이렇게 몸과 마음이 병으로 곪아가는데도 내 인생은 그대로였다. 취직한 뒤 이제 평생 돈 걱정 없이 살겠다는 기대는 완벽한 착각이자 오판이었다. 어느 순간 문득 깨닫게 된 서글픈 진실이 있었다. 내가 '부모님 생신과 두 번의 명절, 어버이날이 있는 5월'을 진심으로 부담스러워했다는 것이다. 결혼한 뒤로는 이런 날에 돈 백만 원은 예사로 들었기 때문이다. 1년에 고작 몇 번 되지도 않는, 마땅히 축하해야 할 날에도 돈 걱정부터 해야 하는 현실을 받아들이기 힘들었다. 심지어 어느 순간부터는 내가 하루하루 정신력과 약으로 버텨가며 번 돈을 당연하게 여기시는 듯한 부모님께 서운한 마음마저 들었다.

어느 날, 가만히 거울을 들여다보았다. 나는 도대체 누구를 향해 찡그리고 있는가? 불현듯 깨달았다. 왜 평생 반의반도 갚지 못할 사랑을 주신 부모님께 시답잖은 이유로 서운해하고 있는가? 이게 성공한 사람, 취업에 성공하면서 인생의 만루 홈런을 쳤다고 생각했던 바로 그 사람의 마인드인가? 이게 성공한 삶이 맞는가?

이 질문에 대한 정답은 어렵지 않게 찾을 수 있었다. 정말 성공했다면 나와 내 가족의 인생은 바뀌었어야 했다. 그래야 맞다. 난 결코 성공하지 못했다. 경제적으로 성공한 사람들은 부모님 생신과 명절, 어버이날마다 '이번에는 20만 원을 드릴까 아니면 30만 원을 드릴까' 하며 고민하지 않는다. 그리고 어차피 20만 원이든 30만 원이든 크게 의미는 없다. 그 돈이 딱히 보탬이 되지도 않고 부모님 인생을 바꿔주지도 않으니까. 드리는 사람과 받는 사람 누구도 기뻐하지 않는 명절을 보내고 있다면 답은 명확하다. 그건 명백하게 성공하지 못했음을 의미한다. 나는 나를 비롯해 그 누구의 삶도 바꾸지 못했다.

그렇게 내 무의식*은 '정년까지 회사에 머무는 인생은 내가 원하는 삶이 아니다'라고 외치고 있었다.
진심으로, 내가 이런 생각을 할 것이라고는 예상치 못했다.
내가 공기업을 들어간 이유는 '정년 보장' 때문이었으니까.

* 학자들마다 무의식(unconscious)과 잠재의식(subconscious)을 구별하기도 하고, 구분하지 않기도 한다. 나는 이 두 단어를 특별히 구분하지 않지만, 우리가 흔히 쓰는 '무의식적으로'라는 표현에서 볼 수 있듯이 우리나라에서는 '무의식'이 '잠재의식'보다 일상적으로 쓰인다는 점을 감안하여, 이 책에서는 '무의식'으로 통일해서 사용했다.

놀랍게도 이것이 내가 직장인 시절 매일같이 먹어야 했던 '하루치' 분량의 약이다.

내 삶에서 진정으로
원하는 것은 무엇인가

직장인들이 꿈이 없는 이유는
'취직', '입사'가 꿈이었기 때문이다.
나 역시 그렇게 살아가고 있었다.

↑

그때부터 나의 질문은 바뀌었다. '내가 진정으로 원하는 것은 무엇인가'에 대한 해답을 찾고 싶었다. 회사에 매여 내 건강과 시간을 바치는 삶은 바라던 모습이 아니었다. 아침에 일어나서, 일을 하다가도, 잠들기 전에도 내가 진짜 원하는 삶을 떠올려보려고 했다. 퇴근한 뒤에는 매일같이 이어폰을 귀에 꽂은 채 미친 사람처럼 밤거리를 수십 킬로미터씩 걸어 다니며 스스로에게 계속해서 되물었다.

그러던 어느 순간 머릿속에 진짜 하고 싶은 일을 하면서 여유롭게 살아가는 내 모습이 생생히 떠올랐다. 사랑하는 가족과 따스한 햇볕이 내리쬐는 하와이에 머물며 행복한 시간을 보내는 모습. 이것이 바로 내가 원하던 삶이었다. 나의 두 번째 이름이자 내 유튜브 채널명이기도 한 '하와이 대저택'은 내가 진정으로 원하는 삶의 모습을 생생하게 그려낸 결과물이다. 수만 번 상상하며 머릿속으로 그려보았기에 하와이 대저택의 내부 구조까지도 훤히 알고 있다. 당장 그림으로 그릴 수도 있을 정도다. 또한 상상을 현실화한 나의 경이로운 경험을 많은 사람에게 전파하며 긍정적인 영향을 미치는 내 모습 또한 선명하게

신혼여행으로 8박 10일간 하와이를 선택한 것이 그 시작이었다.

34

떠올랐다. 물론 원하는 인생을 살기 위해서는 가장 먼저 '경제
적 자유'라는 입장권이 필요하다는 사실도 깨달았다. 나는 수
천, 수만 번 고민했다. 예전에 류현진 선수가 메이저리그 진출을 선언했을 때,
우리나라 프로 야구는 메이저리그의 하부 리그인 '트리플 에이'보다
수준이 낮은 '더블 에이' 수준이므로 메이저에서 최고 투수는 힘들고,
나는 직장이 아니면 돈을 벌 수 없나? 잘하면 한 팀의 3~4 선발 정도 될 것이라는
리포트가 많았다. 그런데 그는 2019년
직장이라는 울타리 밖에서는 'S'를 받을 수 없나? 내셔널리그 사이영상 후보에
올랐고, 최종 2위를
아니, S가 아니어도 좋다. '어느 정도' 잘할 수조차 없나? 차지했다.
KBO 최고가 MLB에서도 최고가 된 것이다.

문과에 비非상경계열 출신으로서 어렵사리 공기업에 입사
했다. 특별한 기술이나 전문 지식도 없고 남들보다 예술적 감
각이 뛰어나다거나 압도적인 신체 능력을 지닌 것도 아니다.
특출한 외모의 소유자도 손재주가 좋은 것도 아니다. 그럼 나
는 '꽤 괜찮은' 직장을 얻었다는 사실과 '최연소 인사 팀장'이
라는 타이틀에 만족하며 계속 직장 생활을 해야 하는 게 아닐
까? 그러나 아무리 생각해도 '그래야 한다는 명확한 근거'를
단 한 개도 찾을 수 없었다. '아, 다른 건 몰라도 결정적으로 이
것 때문에 나는 직장을 다녀야 하는구나' 하는 명확한 근거를
단 하나도 찾을 수가 없었다는 말이다.

그렇게 나는 경제적 자유를 얻고 나서 직장을 그만두기로
결심했다.

원하는 것을 눈치채는 바로
그 순간부터 우주가 바뀐다

———

진정으로 원하는 삶을 알아차리니 길이 보였다. 그때부터 월리스 와틀스, 나폴레온 힐, 얼 나이팅게일, 네빌 고다드, 조셉 머피 같은 100년 전의 사람들부터 밥 프록터, 론다 번, 존 아사라프, 하브 에커 같은 현대 자기계발의 거장뿐만 아니라 그랜트 카돈과 같은 자수성가한 기업가들, 조 디스펜자, 다니얼 에이멘, 폴 바크-이-리타, 브루스 립튼 등 학자들의 저서까지 닥치는 대로 수천 권을 읽어 내려갔다. 당시 내 주위에는 '부자'가 없었고, 독서가 부자의 생각을 들을 수 있는 유일한 방법이라고 생각했기 때문이다. 그래야 경제적 자유에 한 걸음 더 가까이 다가갈 수 있으리라 확신했다. 그런데 신기하게도 그 많은 저자들은 약속이나 한 듯 똑같은 말을 하고 있었다.

누구나
(지금 세상에서 가장 가난한 사람이라 할지라도)
원하는 삶을 살 수 있다.
그리고 원하는 삶을 만드는 힘은
당신 안(무의식)에 있다.

나도 원하는 것을 이룰 수 있을까? 부동산 사기를 당해 모은 돈을 몽땅 잃고 빚까지 얻은 평범한 직장인인데 가능할까? 처음엔 반신반의했지만 책을 읽어갈수록 확신으로 변했다. 수백 명의 내 주위 사람(내가 읽은 책의 저자들)들이 얼마든지 '가능하다'는 사실을 그들의 삶을 통해 증명해 보여줬다. 그렇다. '평범한 직장인'으로 삶을 제한하고 있는 나의 마인드부터 바꿔야 한다는 사실을 깨달았다. 이 상황을 바꿀 수 있는 힘은 분명 내 안에 있다. 나는 경제적 자유를 위한 한 걸음을 다짐하며

나 스스로 관심이 없었고, 나에게는 그런 힘이 없다고 '셀프'로 생각한 다음

종이에 첫 번째 목표를 적었다. *또 '셀프'로 그걸 굳게 믿고 있었을 뿐이었다.*

나는 부동산 투자를 통해 2년 안에 2억 원을 벌었다.

목표가 정해지면 실행을 망설일 이유가 없다. 나는 부동산 사기로 잃은 1억의 두 배만큼을 벌어들이겠다는 분명한 목표를 세웠고, 그때부터 월급을 착실히 모으면서 투자 공부를 병행했다. 세 달이라는 짧은 기간에 약 3,000편의 유튜브 강의를

매일 30편×3달(90일)=2,700편+α

듣고 부동산 실용서 104권을 읽었다. 새벽 두세 시까지 투자 공부를 하느라 잠 못 드는 날이 이어졌다. 이쯤 되니 책의 앞부분만 읽어도 뒤에 무슨 내용이 나올지 정확히 알 정도였다.

그런가 하면 틈만 나면 중개사무소를 찾아가 소장님과 부

사실 이 시기에 퇴근하고 나면 너무 힘들어서, 정말 손가락 하나 까딱할 수 없을 정도로 녹초가 되곤 했다. 그래서 하루 30편을 화장실에서 서서 봤고, 다 볼 때까지 나오지 않았다. 굳이 화장실에서 본 이유는 거기서는 잠을 잘 수 없었기 때문이다.

동산에 관한 이런저런 이야기를 나누었다. 처음엔 부동산 용어조차 제대로 알아듣지 못하던 내가 어느새 소장님에게 부동산 정보와 세법, 거래 분위기와 현재 동향까지 역으로 알려주는 상황이 됐다. 그때 비로소 '이제는 본격적으로 투자해도 되겠다'는 생각이 들었고, 실제로 몇 건의 투자를 통해 꽤 괜찮은 수익을 냈다. 백화점 호재가 있는 저평가된 아파트를 매수하여 두 달 만에 2억이 넘는 수익을 올리기도 했다. (2년 안에 2억 원을 번다는 목표는 이렇게 현실화되었다.) 이후 몇 번 더 이어진 아파트 투자로 더 큰 이익을 실현할 수 있었다.

미국 주식에도 도전해보기로 했다. 투자 전문 매거진인 〈배런스〉를 구독했고, 야후파이낸스와 CNBC, 로이터, 블룸버그, 〈월스트리트저널〉, CNN 등을 아침저녁으로 샅샅이 보고 듣고 읽었다. 그뿐 아니라 미국의 경제와 역사, 정치 구도까지 줄줄이 외우고 다녔다. 장외 주식과 안정적인 투자처라고 하는 미국 주식 등 다양한 투자를 통해 자산이 쌓여갔다. 더는 월급이 필요 없을 정도로 충분한 현금을 만든 뒤 마침내 '파이어족

FIRE, Financial Independence Retire Early'을 선언했다.

많은 이들이 '파이어족'이라고 하면, 그때부터 평생 '쉬는 것'만 떠올리는데 그렇지 않다. '은퇴'가 아닌 '퇴직'이 맞는 표현이다. 퇴직 이후 '진짜 원하는 삶'과 '하고 싶은 것'을 하며

이제 내 스마트폰 캘린더 속 일정들의 육하원칙은 100% 사는 이들이

내가 정한 것들로만 채워진다. 여기에 내가 정하지 않은 일정 바로 '파이어족'이다.

은 단 하나도 없다. 지금은 내가 하고 싶은 일을 원 없이 하며, 하고 싶지 않은 일은 절대로 하지 않는 삶을 살고 있다. 그 누구의 눈치도 보지 않으며 내가 원하는 시간에 원하는 장소에서 원하는 일을 하고, 원하는 사람들과 함께 행복한 시간을 보내며 살아간다.

지금의 나는, 이토록 경이로울 정도로 행복하다.

마인드를 바꾸는 순간
실행과 결과는 저절로 따라온다

———

"부동산 투자로 돈을 벌었다는 거네요."

"미국 주식이 한창 치솟을 때 운 좋아서 번 것 아닌가요?"

내 이야기를 듣고 나서 이런 반응을 보이는 이들이 꼭 있다. 그들의 관심은 온통 어떻게 돈을 벌었는지에 쏠려 있다. 그러나 나는 주식이나 부동산으로 돈 버는 법을 가르쳐주려고 이 글을 쓰는 것이 아니다. 부동산 입지 보는 법, 저평가된 주식 찾아내는 법, 자산 포트폴리오 구성하는 법을 이 책에서는 말 _당연히 중요하다. 그런데 가장 '첫 번째'로 중요한 것이 아닐 뿐._ 하지 않을 것이다. 그보다 더 중요한 것, 더 근본적인 것이 바뀌지 않으면 방법을 알려줘도 아무 소용이 없기 때문이다. 진정한 변화를 만드는 중심에는 다름 아닌 '마인드'가 있다. 부자가 되는 그 어떤 방법론이든 시대나 상황을 뛰어넘어 보편적으로 존재하는 '절대 정답'은 존재하지 않는다. 시대나 상황에 따라 그 정답은 조금씩 변해왔고, 앞으로도 달라질 수밖에 없다. 그러나 마인드를 갖춘 사람은 어떤 시대, 어떤 상황에서도 부자가 될 수 있다.

생각의 변화는 내가 원하는 삶을 '알아차리는 것'에서 출발한다. 몸과 마음의 통증은 직장에서 정년까지 일하는 것이 진짜 내가 원하는 삶이 아니라는 증거이자 무의식이 보내는 신호였다. 이 사실을 알아차리고 원하는 삶을 머릿속에 생생히 그리고 나자 비로소 나는 변화하기 시작했다. 마인드 자체가 바뀌니 행동도 달라졌다. 지인의 말만 믿고 돈을 벌어보려던 어설픈 첫 투자와 달리, 이를 악물고 제대로 투자를 공부하게 되었다. 물론 경제적 자유를 이룬 지금에 이르기까지 힘든 점이 없었다면 거짓말이다. 그럼에도 멈추지 않을 수 있었던 이유는 당연히 원하는 삶을 살 수 있다고 믿었기 때문이다. 원하는 삶이 무엇인지 나 자신과 대화했고, 원하는 삶을 이미 이룬 사람이라고 수만 번 외쳤으며, 그로 인한 확신이 무의식에 깊이 새겨졌기 때문이다. 그렇게 나는 무의식에 새로운 소프트웨어를 설치했다. 이렇듯 경제적 자유를 이루기 위한 일련의 모든 과

부와 성공의 소프트웨어로 갈아 끼우고 나면, 원래 남들 눈에는 소위 '미친 사람'처럼 보인다. 분명히 엄청 힘들 것 같은데 재미있다고 하고, 오히려 에너지가 생긴다고 말하니까.

정은 나에게 경험 자체로 '보상'이었다. 남들 눈에는 눈물 나게 힘겨운 과정으로 보였겠지만, 전혀 그렇지 않았다.

마인드, 즉 무의식의 변화는 이토록 강력하다. 그러나 마인드의 변화 없이 기술이나 방법을 아는 것만으로 성공할 수 있을까? 완전히 실패한 나의 첫 투자를 떠올려보라. 마인드가 갖춰져 있지 않다면 그 무엇을 한들 삶은 바뀌지 않는다.

투자, 사업, 영업, 커리어, 시험 준비…. 전부 다.

당신은 어떠한가? 분명히 무언가를 열심히 하고, 번아웃이 올 정도로 일을 하며, 부자가 되기 위해 이 방법 저 방법 다 해보는데도 인생이 뜻대로 바뀌지 않아 속상한가? 뭘 한다 한들 계속 제자리걸음이라는 생각이 드는가? 혹시 몸과 마음이 어떤 신호를 보내오고 있지는 않는가? 그렇다면 자신이 무엇을 원하는지부터 알아야 한다. 만약 이루어진다면 너무 기뻐서 미친 사람처럼 펄쩍펄쩍 뛸 것 같은, 당신이 진짜 원하는 삶은 무엇인가? 이것에 대해 진지하게 자신과 대화하며 알아차리는 것(뒤에서 자세히 설명하겠지만 여기에서 말하는 대화는 실제로 '대화'하는 것을 말한다)이 우선이다. 이것이 첫걸음이다. 첫걸음이 없다면 그다음은 없다.

지금 당신은
누구의 삶을 살고 있는가

———

모든 변화는 자신이 '진짜' 원하는 것을 알아차리는 데서 시작한다. 무의식이 보내는 신호를 더 이상 무시할 수 없을 때, 나는 먼저 '내 삶의 우선순위'를 노트에 적어보았다.

1. 건강   2. 시간   3. 돈

이것이 내 삶의 우선순위였다. 먼저, 내 삶의 1순위는 건강이다. 내가 건강을 잃고 이 세상에 존재하지 않는다면 시간과 돈이 무슨 소용이겠는가. 그다음으로는 정말 딱 한 번, 지나가버리면 끝인 시간의 가치가 너무나도 소중했다. 일론 머스크, 빌 게이츠와 내가 공평하게 그것도 완전히 똑같이 가지고 있는 것은 오직 시간뿐이다. 그러나 나는 어떻게 살고 있었는가. 내 인생의 3순위인 돈을 벌기 위해 '더 중요한' 시간을 회사에 제공했다. 일주일에 5일은 출근하니 인생의 71%를 회사에서 보내는 셈이다. 여기까지는 그래도 괜찮았다. 자본주의라는 것은 기본적으로 이런 시스템으로 돌아가니까. 생산 수단을 가지고 있지 않은 노동자가 사용자에게 상위 가치인 '시간'을 제공하고 그 대가로 하위 가치인 '돈'을 받는 것, 이것이 바로 자본가들이 설계한 '자본주의 시스템'이다.

그렇다면 주말은 온전히 '내 시간'인가? 문제는 여기서 발생한다. 주중의 격무와 스트레스로 지친 몸과 마음을 회복하는데 주말을 통째로 할애하거나, 다음 주에 해야 할 업무 때문에 집에서도 노트북을 붙잡고 있거나, 불안한 마음으로 주말을 보내고 있다면 그건 회사에 나가서 일하는 것과 똑같다. 온전히 당신의 시간을 보내는 것이 아니기 때문이다. 나 역시 마찬가지였다. 두 번 다시는 오지 않을 주말 시간, 내 삶의 29%조차도 제대로 누리지 못하는 삶을 살고 있었다.

심지어 나는 절대 양보할 수 없는 가치인 '건강'조차 회사에 팔아넘기고 있었다. 물론 고용 계약서에는 (내 시간을 돈과 교환한다는 조항은 명시되어 있으나) 건강까지 팔아넘긴다는 조항은 존재하지 않았다. 회사는 나에게 건강을 내놓으라고 협박한 적이 없다. 양측 누구도 원하지 않았지만 정신을 차리고 보니 회사는 나의 건강을 빼앗아가고 있었고, 나 또한 아무런 저항 없이 회사에 내 건강을 바치고 있었다. 내 삶의 1순위와 2순위 가치를 내다 팔면서 세 번째로 중요한 돈을 벌고 있었던 것이다.

너무나 많은 직장인들이 이러하다. 그렇게도 건강했던 나의 동료 炯은 암에 걸렸다.

사람마다 부와 성공에 대한 정의는 저마다 다르지만 건강과 시간의 가치는 보편적이다. 내 시간, 건강과 고스란히 교환되는 월급을 받으며 인생의 가장 소중한 순간들을 모두 다 팔아버린 뒤, 죽음과 훌쩍 가까워진 때가 되어서야 자유를 얻고 싶어 하는 사람은 아무도 없으리라. 부디 단 하루라도 더 빨리 이 사실을 눈치채기를 진심으로 바란다. 돈을 받는 대가로 건강과 시간을 계속 팔아넘기면 너무나 당연하게도 건강과 시간은 얼마 남지 않게 된다. 무한하지 않기 때문이다. 다만 눈에 보이지 않으니 '괜찮겠지'라고 착각할 뿐.

우리의 건강과 시간을 모래시계 속 모래라고 생각해보자. 단, 모래시계의 윗부분은 가려져 있기에 우리는 쉼 없이 모래가 떨어지는 아래 부분만 볼 수 있다. 대부분의 사람들은 막연하게 시계 윗부분에 아직도 모래가 많이 남아 있을 것이라고 낙관한다. 그런데 당신의 모래시계 윗부분에 남아 있는 모래가 앞으로 고작 몇 년 치에 불과하다면 어떨까? 계속해서 건강과 시간을 일관된 자세로 팔아왔는데 모래시계의 모래, 즉 건강과 시간이 계속 남아 있으리라 생각하는 것 자체가 비합리적이다.

조금 더 가혹한 가정을 해보겠다. 정년퇴직한 뒤인 61세에 비로소 100%의 시간을 누릴 수 있게 되었는데 산소 호흡기에 의지해야 한다면 어떨까? 혹은 당신이 61세까지 살지 못한다면? 너무 극단적이라면 이번에는 현실적인 가정을 해보겠다. 61세에 비로소 자유를 얻게 되었지만 여전히 매일 돈 걱정을 하며 살아간다면 어떨까? 이건 전혀 가혹한 가정이 아니다. 30대의 내가 눈치채지 못했다면 엄청나게 높은 확률로 맞이했을 나의 미래이고, 어쩌면 이 책을 읽는 당신을 기다리고 있을 미래일지도 모른다. 그리고 이것은 많은 이들이 경제적 자유를 추구하는 이유이기도 하다.

당신은 어떠한가? 삶을 지금과 같이 흘려보내도 괜찮은가? 그렇지 않다면 어떤 삶을 욕망하는가? 원하는 삶을 살기 위해선 도대체 어떻게 해야 할까? 여기에 대한 답은 자기 자신과 스스로 대화해야만 알아낼 수 있다.

> KB금융지주 경영연구소가 성인 남녀 3,000명을 대상으로 조사한 결과(2023년), 은퇴(65세) 이후 여유롭게 살기 위한 적정 생활비는 369만원이라고 한다. 그러나 실제로 조달 가능 생활비는 212만 원, 적정 생활비의 60%에도 미치지 못한다.

내가 아는 세상이
전부가 아니라면

내가 '경제적 자유', '부자', '원하는 삶', '삶의 목표'와 같은 말을 꺼내면 많은 이들이 이렇게 묻는다.

"현실이 시궁창 같은데 원하는 걸 상상한다고 바뀌나요?"
"하루하루 먹고살기도 벅찬데 그런 뜬구름 잡는 소리가 밥 먹여주는 것도 아니잖아요."

"저는 사업이나 투자는 못 해요. 망하면 인생 끝인데요?"

왜 새로운 삶과 시도는 떠올리는 것만으로 두렵고 거부감이 들까? 지금껏 한 번도 그런 삶을 상상해본 적 없고, 원해본 적 없고, 떠올려본 적 없기 때문이다.

생각해보라. 지금 당연하게 느껴지는 당신의 일상이 처음부터 익숙하고 편안하지는 않았을 것이다. 당신은 지금의 일상을 '획득하고 누리기' 위해 과거 어느 시점엔 새로운 도전을 해야만 했다. 그때 당신은 엄청나게 두려웠지만 결국 해냈다. 이러한 과정을 거쳐 지금 당신의 일상으로 자리 잡은 것이다. 안타깝게도 사람은 한번 자리를 잡으면 '정착'해버린다. 정착의 사전적 정의는 '일정한 곳에 자리를 잡아 붙박이로 있거나 머물러 있는 삶'이지만, 실제로 많은 이들에게 '정착'이란 '살면서 더 이상 그 어떤 목표도 세우지 않음'을 의미한다. 그리고 부모님, 친구, 선배 등 주위를 둘러싼 거의 대부분의 사람들 역시 그렇게 살아야 한다고 확신하고 우리에게 주입한다. 우리는 아주 어렸을 때부터 그렇게 학습해왔다.

"주식은 위험해서 안 돼."

"사업은 아무나 하는 거 아니다."

"정년퇴직하고 연금 받는 인생이 최고지."

나 또한 이런 말들을 당연하다고 여기며 30년 이상을 살아왔다. 이렇게 '셀프 한계'를 설정해버리는 사이, 실현될 수 있었던 무한한 가능성의 '전혀 다른 나'는 내 안의 가장 깊은 곳, 어두운 창고 어딘가에 방치된 채 잊혀버렸다.

나를 이렇게 살게 만든 이 '소프트웨어'는 도대체 언제부터 나를 지배하고 있었단 말인가? 과학계의 일반적인 연구에 따르면 모든 인간은 기억 상실을 겪는다. 모든 인간은 단 한 명도 예외 없이 7세 이전의 기억을 잃기 때문이다. 문제는 여기에서 시작된다. 비록 기억은 소실되지만, 바로 이 시기에 '소프트웨어'가 설치된다. 그리고 이 소프트웨어는 이후 인생의 방향에 지대한 영향을 끼친다. 신생물학의 선구자 브루스 립튼 박사는 인간이 7세 이전에 부모님 혹은 형제들을 관찰하면서 이 소프트웨어를 통째로 다운로드받는다고 강조한다.

[여백 손글씨: 도대체 무엇 때문인지 원인을 찾고자 신경과학, 심리학 등에서 많은 연구들이 이루어졌지만 아직 명확히 밝혀내지는 못했다.]

당신이 새 노트북을 샀던 때를 떠올려보라. 노트북만 샀을 뿐인데, 그 안에는 이미 윈도우라는 운영 체계(OS)가 설치되어 있다. 당연히 당신이 설치한 것은 아니다. 무의식도 똑같다. 마치 새 노트북을 사면 기본으로 깔려 있는 이 '윈도우' 프로그램처럼 인간에게도 7세 이전, 무의식에 특정한 소프트웨어가 자동으로 설치된다. 우리는 지금껏 각자의 무의식에 깔린 프로그램이 이끄는 대로 살아왔을 뿐이다. → 어머니의 배 속에서 DNA를 물려받고, 세상에 나온 이후에는 7년에 걸쳐 '소프트웨어'를 물려받는다.

'지금과 다른 삶'을 꿈꾸는가? 그렇다면 먼저 당신의 무의식에 어떤 프로그램이 깔려 있는지부터 들여다보아야 한다. 행복하지 않은데, 심지어 불행하거나 고통스러운데도 불구하고 무의식에 설치된 소프트웨어는 "다들 그렇게 살아"라고 말하 '평균 강요' 소프트웨어 며 아무것도 하지 못하게 당신을 조종하고 있지는 않은가? 그렇다면 이제 그 소프트웨어를 과감히 삭제하고 새로운 소프트웨어를 설치해야 한다. 이것이 바로 무의식, 즉 마인드를 제외하고는 인생의 커다란 변화를 만들어낼 수 없는 이유이다.

무한한 무의식의 영역을 들여다보자. 뇌 과학을 포함한 신경과학계에 따르면 우리는 하루 평균 보통 5~8만 개의 생각을 한다.* 내가 전하고자 하는 메시지는 '생각의 정확한 개수'에 있지 않으므로 계산상의 편의를 위해 5만 개라고 가정하겠다. 하루 5만 개의 생각 중 5%에 해당하는 2,500개 정도의 생각은

---

* 학자나 저자마다 조금씩 다르게 주장하지만 해당 범위 내에서 이야기하는 경우가 대부분이다.

의식할 수 있는 것들이다. 아침에 무슨 옷을 입고 어떤 신발을 신을지, 점심에 무엇을 먹을지, 녹색등이 깜빡이는 횡단보도를 뛰어서 건널지 다음 번에 건널지, 보고서를 어떻게 쓸지 등 인식 가능한 수많은 생각이 이에 해당한다. 나머지 95%에 해당하는 47,500개의 생각은 인간이 의식할 수 없고 통제할 수도 없는 무의식의 세계에서 일어난다. 그래서 대부분의 사람들은 자기 생각의 95%를 그냥 흘려보낸다. 아니, 흘려보내고 있다는 인식조차 하지 못한다. 열흘이면 47만 개, 100일이면 470만 개, 3년이면 약 5,200만 개, 30년이면 약 5억 개의 기억을 그냥 흘려버리는 셈이다. 이렇게 말해도 크게 와닿지 않을 것이다.

　그럼 이번에는 돈으로 생각해보자. (엄청나게 중요한 일이지만 크게 와닿지 않을 때는 돈으로 따져보면 체감하는 강도 자체가 다르다.) 당신에게 하루 5만 원이 매일 입금된다고 생각해보라. 당신은 그중 2,500원만 쓰고, 나머지 47,500원은 '그냥 버린다.' 그렇게 30년 동안 하루도 빠지지 않고 버린 돈이 5억 원이라면 어떤 생각이 드는가? 그 사실을 알게 된 순간부터 당신은 스스로를 원망하며 밤에 잠도 이루지 못할 것이다. 그런데 5억 원과는 비교조차 할 수 없을 만큼 중요한 무의식을 어제도 오늘도 계속 버리고 있는데, 잠이 온단 말인가? 매일 아무런 의미 없이 흘려버리는 수많은 생각 중 0.01%, 그러니까 5개의 생각만 잡아내서 그것을 당신이 원하는 목표에 맞게 '세팅'해놓는다면 어떻게 될까? 그 5개의 결정적인 생각은 당신의 삶을 원하는 방향으로 안내하는 내비게이션 역할을 할 것이다. 무의식의 보석 같은 아이디어를 포착해내고 인생을 바꿀 힌트로 활용할 수 있다는 말이다. 당신이라는 사람의 대부분을 차지하고 있는 이 무의식에 제대로 된 프로그램만 설치해놓는다면, 앞으로의 인생을 원하는 방향으로 이끌어갈 수 있다.

이는 성공한 사람들만의 이야기가 아니다. 나 역시 몸소 경험하며 절실히 깨달았다. 만약 내가 마인드, 그러니까 무의식이 아니라 일상에서 바로 써먹을 수 있는 실용적인 방법에만 집중했다면 내 인생은 어떻게 흘러갔을까. '마인드는 눈에 보이지도 않고 뭐가 뭔지도 모르겠으니까' 하는 생각으로 투자의 방법론에만 집중했다면 지금 나와 내 삶은 어떤 모습일까. 아마 '파이어족'은 꿈도 꾸지 못했을 것이다. '부자는 따로 있다'고 생각하며 오늘도 출근길 지하철에 몸을 실었을 것이다. 여전히 회사에 건강과 시간을 갈아 넣으면서 나중에 풍족한 돈으로 보상받자고 마음먹을지도 모른다. 물론 내가 만족할 만큼의 돈을 회사가 줄 리 없으니, 여전히 나는 더 좋은 부동산 매물이나 괜찮은 미국 주식 투자처를 찾기 위해 안간힘을 쓸 것이다. 이렇게 악순환의 고리를 끊지 못하고 살아가리라.

↳ 이걸 끊어내는 것은 어떤 '방법론'이 아니다.
마인드에 새로운 소프트웨어를 까는 것, 그것뿐이다.

50

그렇다. 소프트웨어를 갈아 끼우지 않았다면 '일어날 수도 있었던 오늘' 나의 모습이다. 다행히 나는 나를 바로 부자로 만들어줄 것 같은 실용적인 투자법이 가장 중요한 것은 아님을 깨달았다. 나에게 '번들'처럼 깔려 있는 그 소프트웨어를 교체하는 일이 시급하고 중요하다는 사실을 운 좋게도 눈치챌 수 있었다. 다시 한번 강조하지만 무의식은 '생각'을 비롯해, '행동'과 '인생의 모습'까지도 결정하기 때문이다.

↳ 무의식과 '행동'이 별개라는 생각은 정말 '착각'이다. 이 두 개는 한 몸이다.

100년도 더 전에 세상을 살았던 나폴레온 힐의 가르침을 빌려와 당신에게 전하고자 한다. "더 나은 삶을 욕망하라." 일단 '현실적'이라는 말에 대한 환상을 버려야 한다. 30대, 40대의 나이에는 현실적으로 살아야 하나? 60대에는 꿈을 가져서는 안 되는가? 그런 건 도대체 누가 정하는 것인가?

이쯤에서 자기계발 코치 개리 비숍이 『시작의 기술』(웅진지식하우스, 2019)에서 언급한 탁월한 비유를 떠올려보자. 당신의 잠재력을 스펀지라고 생각해보는 것이다. 아주 어렸을 때, 당신의 잠재력은 말랑말랑한 스펀지와 같았다. 무엇이든 흡수했고, 또 내뱉었다. 그때의 당신은 수천 개의 '다른 당신'이 될 수 있었다. 다양한 색상의 액체(꿈)들을 머금은 당신의 스펀지는 어떤 색상이라고 특정할 수 없을 정도로 다채로웠고 유연했으

책『리얼리티 트랜서핑』의 저자 바딤 젤란드는 물이 가득 들어 있는 '긴 호스로도 바뀐다. 참고하면 좋을 것이다.

니까. 그러다 어느 순간 더 이상 그 어떤 액체도 흡수하지 않았고 내뱉지도 않게 되었다. 나이가 들었기 때문이다. 그렇게 스펀지는 점차 굳어갔고, 마침내 돌처럼 딱딱해졌다.

다른 삶을 살고 싶은가? 그렇다면 꿈이라는 액체를 굳어버린 잠재력이라는 스펀지에 다시 닿게 만들어라. 지금 몇 살이든, 어떤 상황에 놓여 있든 '그냥' 하면' 된다. 그 누구도, 그 어떤 법률이나 규칙도 그렇게 해서는 안 된다고 막지 않는다. 다만 당신 주변에서 수없이 안 된다고 말했을 것이고, 이를 무의식에 새긴 당신 스스로 안 된다고 믿었을 뿐이다.

이 '그냥'을 속으로 항상 말하라. 이 단어의 힘은 진짜 엄청나니까.

↳ 원래 인간은 '스스로 생각'한 다음 그걸 '스스로 굳게 믿는'다.

"능력은 욕망과 함께 온다."

성공 철학의 대가 나폴레온 힐의 말이다. 더 많은 삶을 원하라. 그걸 위해 더 많은 부를 원하라. 이를 탐욕이나 세속적인 욕망으로 몰아붙일 수 없다. 그냥 인간의 본능일 뿐이다. 우리는 모두 더 많은 경험, 풍족함, 만족스러움, 행복함을 누리기 위해 세상에 태어났다. 더 적은 경험, 부족함, 불만족, 불행, 비루함을 누리고 싶어서 이 세상에 태어난 사람은 단 한 명도 없다. 그러니, 부디 욕망하라. 욕망이 있다면 그걸 이룰 수 있는 능력도 이미 당신에게 있으니까.

욕망하라 그리고 상상하라
그렇게 부디 원하는 삶을 살아라

나는 나의 꿈을 이루기 위해 이 책을 썼다. '하와이 대저택' 에서 사랑하는 가족과 함께 경이롭고 행복한 일상을 만끽하는 것이 내 삶의 중장기 목표라면, 단 한 명이라도 더, 그리고 그 한 명의 내면에서 단 1%라도 소위 '포텐', 즉 자신의 잠재력을 눈치챌 수 있도록 돕는 것이 내 인생의 궁극적인 목표이다. 나는 당신도 경이롭고 행복한 일상을 살아가기를 진심으로 바란다. 이 책을 통해 당신 또한 '진짜 원하는 삶'을 눈치챌 수 있도록 나의 모든 지식과 경험을 나누고 싶다. 다만 거듭 밝히는 바, 마인드보다 중요한 것은 없다는 나의 신념에 따라 이 책에 돈 버는 기술 등에 관한 것들은 언급하지 않겠다.

✪ '부자 운영 체계'라는 소프트웨어 없이는 부자 응용 프로그램이 애당초 깔릴 수 없다. 그러므로 부자가 되고 싶다면 무의 *윈도우가 깔려 있지 않은데 무슨 수로 프로그램을 설치한단 말인가.* 식에 부자가 될 수밖에 없는 마인드부터 설치해야 한다. 무의식이라는 비옥한 땅에 무엇을 심느냐에 따라 당신의 삶은 변하게 되어 있다. 지금과 같은 삶이 계속될 것이라고 절망할 필요도 전혀 없다. 고정되어 있지 않은 미래는 언제든 변화할 가능성을 품고 있으니까. 다만 욕망하는 대로 살아가기 위해서는

그동안 당신의 삶을 제한해온 낡은 신념을 삭제한 뒤, 무의식에 새로운 '부의 마인드'를 설치하는 과정이 필요하다.

지금부터는 어떻게 하면 무의식에 새로운 프로그램을 설치할 수 있는지, 새로운 프로그램이 당신의 인생을 도대체 어떻게 바꿔줄 수 있는지를 낱낱이 분해하며 인생에 절실한 변화가 필요한 당신을 도울 것이다. 막연하던 '꿈'이 현실이 되어 눈앞에 펼쳐지는 경이로운 경험을 하게 되리라 확신한다.

당신이 막연히 예상하는 것보다 훨씬 더 경이롭다.
부디 이 경험을 직접 해보기를 진심으로 바라고 또 바란다.

여전히 이상적이고 꿈같은 말로 들리는가? 보이지도 않고 인식할 수도 없으니 도저히 믿을 수 없다고 생각하는가? 그 말은 틀렸다. '믿는다'라는 말은 애초에 명확히 보이는 것을 두고 쓰는 단어가 아니다. 명확히 보인다면 '보인다' 혹은 '있다'라는 단어로 표현해야 맞다. '보이면 믿는다'라고 생각하지 마라. 믿는 대로 보이는 것이니까.

눈에 보이지 않는 무의식의 존재를 알아차리고, 미래 특정 시간의 좌표에 원하던 일이 일어날 수 있음을 알아차려야 변화는 시작된다. 3차원의 세계에 사는 우리는 선과 면, 공간만을 인식할 수 있다. 한 걸음 더 나아가 't'라는 시간의 축이 더해진 4차원은 우리가 볼 수도, 인식할 수도 없다. 그렇기에 우리는 단지 시간이 과거에서 현재로, 그리고 현재에서 미래로 흘러간다고 여길 뿐이다. 그러나 (아인슈타인을 비롯한 수많은 과학자에 따르면) 시간은 결코 흐르는 것이 아니다. 당신의 과거와 현재 그리고 미래는 함께 공존한다.

당신의 꿈과 원하는 삶을 담은 지도 한 장을 펼친다. 그 지도에는 시간의 좌표를 찍을 수 있다. 그리고 당신이 원하는 자신의 모습을 떠올린다. 당신은 이미 그 시간에 존재하고 있다. 당신은 '현실(안락하고 안전한 줄로만 알았던)'이라는 이름으로 스스로를 제한했던 모든 것을 버리고, 한 번도 가본 적 없는 새로운 곳을 향해 간다. 그리고 한 번도 해본 적 없는 생각과 행동을 하며 한 걸음씩 힘겹게 내딛는다. 어느새 원하는 모든 삶을 이룬 채로, 당신은 이미 그렇게 존재하고 있다.

상상하라.
더 많은 삶을 원하라.
당신은 부자가 될 수 있다.

2

THE

부와 성공의
원칙을
인수분해하다

MIND

1

제1원칙

무의식에 설치된 가난을
삭제하라

자동차가 아니라 운전자,
컴퓨터가 아니라 프로그램…
무엇이 하드웨어를 움직이는지 생각해보라.

무엇이 당신을 움직이게 하는지
생각해보라.

지금으로부터 10년도 더 된 일이다. 이른 아침, 문자 메시지로
공기업 공채 최종 합격 통보를 받았다. 너무 기쁜 나머지 침대 위
에서 펄쩍펄쩍 뛰었다. 합격 통보를 받고 입사 전까지 몇 주간 세
상에서 가장 행복한 휴식 시간을 보냈다. 이제 더 이상 취업준비생
이 아니라는 생각만으로도 세상을 다 가진 듯한 느낌이 들었다. 대
학교에 합격했을 때와는 비교조차 할 수 없을 만큼 많은 축하를 받
았다. 그런데 그때 받았던 축하 인사 가운데 지금까지도 기억에 남
는 말이 있다. 어릴 때부터 유독 가깝게 지냈던 이모와의 통화였
다. 이모는 진심을 담은 축하와 함께 이런 말을 덧붙이셨다.

"지금 하고 싶은 거 다 하고, 푹 쉬어 봐. 이제 평생 이런 시간
은 없어. 계속 일해야 할 테니까. 알았지?"

나는 당연히 "네, 그렇게 할게요. 감사합니다"라며 대답했지
만, 찰나의 그 순간 정말 미묘하고도 이상한 기분이 들었다. 앞으
로 내 인생에 이렇게 여유 있고 행복하게 보낼 수 있는 시간은 없
고, 평생 일해야 한다고? 딱히 말로 설명하기는 어렵지만 내 안의

무언가가 나를 쿡 찌르는 듯한, 이상한 느낌이 들었다. 그리고 그 '느낌'은 10년이 훌쩍 지난 지금도 바로 어제 느꼈던 것처럼 생생하다.

그때 나는 무의식에 대한 관심이 전혀 없었다. 무의식, 뭐 그런 단어가 세상에 존재한다는 건 알고 있었지만, 나와 아무런 관련이 없는 단어였다. 나는 무의식에 대해 완전히 무관심했지만 나의 무의식은 그런 나에게 '불편함'이라는 감정으로 '시그널'을 보내고 있었다. 그 말을 그대로 받아들이지 말라고, 이모는 나에게 소중한 사람이지만 그 말은 그저 한 명의 의견일 뿐이라고. 10년도 더 지나서야 그때가 내 무의식이 시그널을 보내온 첫 번째 순간이었다는 사실을 깨달았다.

어렸을 때부터 나는 성인이 되면 당연히 직장에 다녀야 한다고 생각했다. 내가 태어나면서부터 부모님은 직장인이었고, 나에게도 이른바 '좋은 직장'에 입사하는 것이 '성공'이라고 말씀해주셨기 때문이다. 그런데 참 이상했다. 부모님은 날마다 새벽같이 일어나 성실하게 출근하셨지만 우리 집은 부자가 아니었다. 물론 어린 시절의 나는 조금도 이상함을 느끼지 못했다. 직장인과 부자는 아무런 관련이 없다고 생각했기 때문이다. 부자는 직업이 아닐뿐더러, 부자들은 '원래' 따로 있는 거니까.

그렇다. 그때 나는 부자가 되는 사람이 따로 있다고 생각했다. 부자는 하늘이 내린다는 말도 참 많이 들었다. 나와 부자는 본질적으로 아예 다르다는 생각…. 이 생각은 도대체 누가, 언제, 어떻게 나에게 설치해놓은 것인가?

└ 가장 대표적인 '평균 강요' 코딩. 이 말은 가짜다.

부자가 되기 위해서는 우선 당신의 무의식에 설치된 가난한 생각부터 깨끗하게 삭제해야 한다.

부자가 되고 싶은 사람은
결국 부자가 된다

미리 축하한다. 이 책을 읽고 있는 당신은 정말 높은 확률로 부자가 될 것이다. → *정말이다. 내 책이 종합 베스트셀러 1위에 올랐지만, 우리나라 전체 인구 중 이 책을 읽은 사람은 소수 중에서도 '극소수'에 도대체 무슨 말인가 싶겠지만, 이 책을 읽고 있다는 것 자체 불과하니까.*

만으로도 당신은 이미 부자가 될 확률이 80% 이상이다. 더 나아가 이 책의 내용을 신뢰하고, 그대로 따라 해본다면 당신은 96% 이상의 확률로 부자가 된다.

이탈리아의 경제학자 빌프레도 파레토가 고안한 '파레토의 법칙'을 아는가? 이 법칙은 전체 결과의 80%가 전체 원인 중

고작 20%에서 발생하는 현상을 설명하는 이론이다. 파레토의 법칙은 비단 경제학이나 경영학뿐만 아니라 행정학의 조직 관리 영역이나 사회학을 비롯해 삶의 많은 영역에 통용된다. 파레토의 법칙을 적용해보면 이 책을 읽고 있는 당신이 80%의 확률로 부자가 될 것이라는 점 역시 설명할 수 있다.

자, 생각해보자. 성공하고 싶고, 부자가 되는 일에 '관심'이 있는 사람은 20%에 불과하다. 이는 단순히 "돈 더 많이 받으면 좋지!"와 같은 가벼운 차원의 '희망'이 아니라 지금의 삶, 지금의 '상태 값'을 벗어나는 것에 진정으로 관심이 있는 사람들의 비율이다. 나머지 80%의 사람들은 대부분 지금과 같은 삶의 궤도를 벗어나 더 많은 성취, 더 많은 부를 얻고자 하는 의지 자체가 없다. '현실'이라는 두 글자에 치여 주말엔 좀 쉬고 평일엔 피곤함을 가득 안고 그저 바쁘게 일할 뿐이다. 그들은 부자가 되고 싶다는 생각을 쓸데없는 사치나 공상 정도로 치부한다. 그리고 80% 중 일부는 성공이나 부자에 대해 '관심'을 조금 가져보지만 거기서 끝이다. 관심을 발전시킬 생각이 없고, 더 깊은 생각으로 가지 못하니 당연히 행동으로 옮겨질 것도 없다. 이 와중에 이 책을 읽고 있는 당신은 부와 성공에 진심 어린 관심이 있음을 방증하는 것이다.

그렇다면 당신은 어떻게 96%의 확률로 부자가 될 수 있을까? 이 책에서 내가 말하는 것을 전적으로 신뢰하고, 그대로 행동에 옮긴다면, 반드시 그렇게 된다. 얕은 희망을 주려고 하는 말이 아니다. 정말로 그렇게 된다. 이 책이 100명이 사는 세상에 출간되었다고 가정해보자. 80명은 이런 책이 세상에 있는 줄도 모르거나 알아도 관심이 없다. 진지한 관심을 두고 이 책을 읽는 사람은 20명 정도다. 이 20명 중에 다시 80%인 16명은 안타깝게도 딱 거기까지일 것이다. 관심 있게 책을 읽었다 하더라도 일단 책장에 꽂고 나면, 자신도 모르게 바쁜 일상에 치여 금세 잊고 마는 것이다. 다시 20%에 해당하는 오직 4명의 사람들만 이 책의 의미를 곱씹어보고, 깨달음을 얻고, 자연스럽게 행동으로 옮긴다. 끝내 이들은 부와 성공을 현실로 소환해내며 인생을 바꾼다. 이 사람들의 비율은 100명 중 4명, 단 4%다.

이 부분은 통계로도 증명할 수 있다. 구글에서는 '구글 트렌드'라는 빅데이터 분석 서비스를 제공하는데, 이를 통해 지난 12개월간 우리나라 사람들이 어떤 키워드를 검색했는지 확인할 수 있다. 검색 빈도가 가장 높은 키워드는 100, 그 중간 정도는 50, 통계적으로 유의미한 검색량이 없을 경우 0으로 표시된다. 내가 삶에서 무엇보다 중요하다고 강조하는 '마인드셋'이라는 단어와 '투자', '강아지' '웹툰', '게임' 등의 키워드를

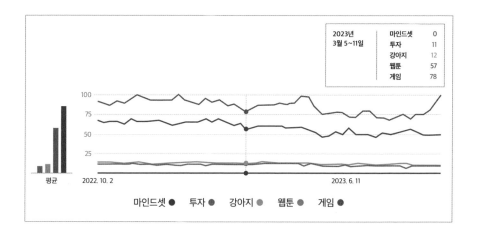

2023년 3월 5~11일	마인드셋	0
	투자	11
	강아지	12
	웹툰	57
	게임	78

평균　2022. 10. 2　　　　　　　　　　　　　　2023. 6. 11

마인드셋 ●　　투자 ●　　강아지 ●　　웹툰 ●　　게임 ●

비교 분석해보았다. 결과는 어땠을까?

안타깝게도 강조해왔던 '마인드셋'에 대한 결과를 보면 처참하다. 구글 트렌드 지수가 '0'이니 말 다했다. 당신이 재테크에 관심이 있다면, 아마 많은 사람들이 재테크에 관심이 많다고 지레 짐작할 것이다. 그러나 '투자'의 관심도 지수 역시 '11'로 처참하기는 마찬가지다. '강아지'의 관심도 지수는 '12'로, 사람들은 재테크보다 강아지에 더 관심이 많다는 사실을 알 수 있다. 자, 이제부터 놀라지 마시라. '웹툰'의 관심도 지수는 '57'이며, '게임'은 무려 '78'이다. 지하철이나 버스를 타면 거의 대부분 사람들이 스마트폰으로 게임을 하거나, 웹툰을 보고 있지 않은가? 통계상으로도 확실하게 드러나 있다. 그 외 나머지 사람들은 '카카오톡'에 열중해 있다.

내가 왜 이 책을 읽고 있는 당신이 최소 80%에서 최대 96% 의 확률로 부자가 되리라 예견했는지 조금 더 와닿을 것이다. 구글 검색엔진의 빅데이터를 통해 알 수 있는 사실 하나는 명확 하다. 거의 대부분 사람은 '마인드셋'에 관심이 없다는 것이다.

'부자'가 되는 일에
관심 없는 80%의 사람들

파레토의 법칙, 구글 빅데이터 분석에 이어 이번에는 설문 조사 결과를 하나 살펴보자. 전국 성인 남녀 3,880명을 대상으로 진행한 설문조사 결과다(2017년 6월, 두잇서베이). '사는 동안 언젠가는 부자가 될 수 있을 것이라고 생각하는가'라는 질문에 '매우 그렇다'라고 자신 있게 대답한 비율은 5.7% 정도였다. 100명 중 겨우 5명 정도만 스스로 부자가 될 수 있을 것 같다고 답변했다. '약간 그렇다'라고 답변한 비율도 15.7%에 지나지 않았다. 약 80%의 사람들은 자신이 부자가 아닐뿐더러 앞으로도 부자가 될 수 없다고 생각했다.

그런데 내가 지금까지 가족, 친척, 지인, 직장 동료 등 수많은 사람을 만나며 체감한 바로는 80% 그 이상이었다. 한마디로 부자가 되려는 생각 자체를 하지 않는 이가 대부분이었다. 사람들은 성공, 부자, 마인드셋, 무의식, 동기 부여와 같은 단어에는 관심이 전혀 없었다. 그냥 관심이 없는 정도를 넘어 심지어 싫어하는 사람도 많았다.

나는 누군가가 현재 무엇에 관심을 두고 있는지 파악할 때 그 사람의 유튜브 피드를 확인한다. 빅데이터에 기반한 정교한 알고리즘이 그 사람의 현재 관심사를 있는 그대로 보여주기 때문이다. 놀랍게도 '성공', '부자', '무의식', '마인드셋'과 관련된 영상이 피드에 단 하나도 뜨지 않는 사람이 10명 중 8명 이상이라는 사실을 알 수 있었다. 믿을 수 없다면 당신도 주변 사람들의 피드를 확인해보라. 사람들의 80%는 게임이나 웹툰, 그리고 SNS를 즐기고 있을 뿐이다. 물론 자본주의 시스템에서 돈의 중요성을 모르는 이들은 없으니, 80%에 속하는 그들도 돈과 관련된 말은 자주 한다.

"아, 돈이야 뭐 많으면 좋지."
"진짜 누가 딱 1억 원만 나한테 줬으면 좋겠다."
"퇴사하고 싶다! 로또나 사야지."

그러나 이것은 '부자가 되기 위한 생각'이 아니다. 도대체 왜 사람들은 '부자가 되어야겠다'고 마음먹거나 어떻게 하면 부자가 될 수 있을지 고민하지 않을까?

바로 무의식에 답이 있다. 그들의 무의식이 부자와 자기 자신을 아예 다른 '종족'으로 인식하고 있기 때문이다. 그들은 지금 하는 일이 더 잘돼서 월급이 오르거나 성과급 정도는 받을 수 있기를 기대한다. 물론 그걸로 부자가 될 수 없다는 사실역시 너무도 잘 알고 있다. 자신이 현재 처한 상황, 즉 직장, 직업, 능력, 수입과 지출, 주변 상황 등을 모두 따져봐도 이번 생에는 부자가 될 수 없다고 이미 결론을 내렸기 때문에(그 정도까지는 아니라고 부정하고 싶겠지만 무의식의 소프트웨어에 이미 그렇게 '코딩'되어 있기 때문에) 굳이 부자가 되는 방법을 생각하고 고민하지 않으려는 것이다. 그들의 생각 회로는 다음과 같이 흘러간다.

'부자가 되면 당연히 엄청 좋긴 하겠지. 돈만 많으면 우리나라가 제일 살기 좋다는데. 근데 뭐, 나랑은 상관없으니까….'

그렇다. 부자가 될 생각을 전혀 하지 않는 사람이 부자가 될 확률은 당연히 없다.

어차피 5%의 사람만 성공한다
성공은 원래 그런 것이다

———

성공은 원래 소수만 한다. 이는 당연하다. 모두가 다 성공한다면 '성공'이라는 단어는 별다른 의미가 없을 것이다. 극소수만이 누릴 수 있는, 그래서 많은 이들이 그토록 부러워하는 그것이 바로 성공이다.

흥미로운 점은 딱 5% 정도 되는 극소수의 사람들만이 무언가를 하려고 한다는 사실이다. 이는 부자가 되는 일에 국한되지 않는다. 삶의 거의 모든 영역에서, 단 5%만이 무언가 해내겠다는 생각을 하고 마음먹은 다음, 마침내 그것을 해낸다. 데일 카네기는 자신의 저서 『데일 카네기 자기관리론』(현대지성, 2021)에서 이렇게 말한 바 있다.

"20명에게 해야 할 일을 가르치는 일은 어렵지 않지만, 그중 한 명이라도 가르침을 실천에 옮기도록 만드는 일은 어렵다."

20명 중 단 한 명, 그러니까 고작 5%만이 가르침을 행동으로 옮기는 것이다. 당신이 부자가 되겠다고 마음먹었으며, 이를 위해 어떤 일이든 하고 있다면, 당신은 대부분의 사람들과는 아예 '다른 리그'에 속한 셈이다. 나는 이 리그를 '부자 리

그'라고 부른다. 현재 부자인 사람들만 부자 리그에 속한 것이 아니다. 부와 성공을 생각하고, 그렇게 되기로 마음먹고, 그걸 위해 행동하고 있다면 당신은 이미 부자 리그에 속해 있다. 앞에서 살펴본 여러 결과들이 이를 증명한다. 이 리그에 속해 있는 사람들 중에서 부자가 탄생하고, 그중에서도 0.01%의 사람들이 억만장자 혹은 조만장자로 거듭나는 것이다. 내가 이렇게 말해도 스스로 부자 리그에 속해 있지 않다는 생각이 드는가? 아니다. 대다수의 사람과 비교했을 때 당신은 이미 압도적인 부와 성공을 이루었거나, 장차 이룰 수밖에 없다는 말을 꼭 전하고 싶다.

물론 '부자 리그'에 속했다고 해서 평생의 부와 성공이 자동으로 보장되는 것은 아니다. 이들 중 일부는 순항하던 사업이나 투자가 마이너스로 방향을 틀어 한동안 어려움을 겪을지도 모른다. 그럼 이들의 인생은 '새드 엔딩'으로 끝나버릴까? 절대 그렇지 않다. 이들은 원래 부자 리그에 있었다. 잠시 미끄러졌을 뿐 이들에게는 부와 성공이 무의식에 세팅되어 있고, 어떻게 하면 성공할 수 있는지 그 방법까지도 알고 있다. 원래 계획보다 조금 돌아갈 수는 있겠지만 이들은 결국 다시 해낼 것이다. 이것이 바로 이들과 '초심자의 행운'으로 어쩌다 부자가 된 사람 간의 결정적 차이다. 부와 성공에 대한 깊은 생각이 없었음에도(다시 말해 무의식에 부의 소프트웨어가 설치되어 있지 않았음에도) 어쩌다 보니 부자가 된 사람은 시련을 이겨낼 준비가 되어 있지 않다.

그래서 나는 이 책을 읽고 있는 당신이 매우 높은 확률로 성공한다고 말한 것이다. 지금 당신은 '부자 리그'로 가는 그 길의 초입에 서 있다. 그 길 위에 서서 가만히 생각해보라. 이 세상의 무엇이든 '생각'에서 출발한다. 생각을 해야 감정을 느끼고, 그 감정이 행동으로 이어진다. 그리고 그 행동은 결과를 가져온다. 당신은 지금 무엇을 생각하고 있는가? 그중에서도 무엇에 가장 집중해 있는가? 당신이 집중해 있는 그것이 바로 당신의 현실이 된다. 'A'라는 일에 그토록 집중했는데 갑자기 'R'이라는 결과를 맞이할 수는 없다. 부자가 되는 일에 집중하기로 마음먹은 당신은 이미 평범하지 않다. 당신이 바로 그 '소수'다.

당신은 사실
2,400배 더 대단하다

당신은 지금보다 2,400배 더 대단한 사람이다. 믿을 수 없겠지만 사실이다. 도토리를 생각해보자. 도토리는 참나무 씨앗이다. 도토리는 고작 2.5센티미터에 불과하지만, 흙에 심으면 최대 60미터까지 자란다. 성인 남성의 엄지손톱만 한 도토리 안에 60미터에 달하는 거대한 참나무가 들어 있는 셈이다. 2.5센티미터 크기의 도토리가 60미터의 참나무가 되었다면 무려 2,400배 성장한 것이다. 그런데 그 도토리를 흙에 심지 않고 책상 위에 그냥 올려놓으면 어떤 일이 벌어질까? 아무런 일도 일어나지 않는다. 30년이 지나도 그 도토리는 여전히 2.5센티미터의 도토리일 뿐이다. 인간의 잠재력도 정확히 똑같다.

안타깝게도 너무나 많은 이들이 자신의 잠재력을 책상 위에 그저 올려둔 채 살아간다. 나는 확신한다. 모든 사람은 도토리 혹은 참나무보다 위대하다. 아니, 더 큰 잠재력을 지니고 있다. 당신이라는 사람은 지금보다 최소 2,400배 더 위대해질 수 있다. 이것이 바로 잠재력의 엄청난 힘이다.

부와 성공에 대해 진지하게 생각해보고, 또 그렇게 되겠다고 마음먹은 것만으로도 나는 당신을 존경한다. 다만 이 지점에 이르렀다고 해서 자동으로 부자가 되지는 않는다. '부자가 되고 싶다'고 생각만 하는 것은 사실 목표가 없는 상태와 똑같다. (이 말을 듣고 서운해할 필요가 없다. 이 책의 마지막 페이지를 넘기는 그 순간, 스스로는 알아채지 못하겠지만 당신의 눈빛에 생기가 깃들어 있을 테니까.) 목표를 이루려면 '제대로 된' 목표부터 찾아야 한다. 엉뚱한 목표를 설정하고서 비가 오나 눈이 오나 꿋꿋이 계속 나아가는 것만큼 안타깝고 비참한 일은 없다. 그럼 어떻게 해야 제대로 된 목표를 설정할 수 있을까? 자신이 진정으로 무엇을 원하는지 알아야 한다. 그러기 위해 자기 자신과 대화해야 한다. 여기서 말하는 '대화'는 실제로 질문과 대답이 오가는 '진짜 대화'를 말한다. → 당신과 가장 친한 그 사람과 어떻게 친해졌는가? 대화를 했다. 똑같다.

자신과 대화하는 일이 어색하게 느껴질지도 모른다. 그럼 이렇게 생각해보자. 우리는 친해지고 싶은 사람이 있으면 그와 대화를 시도한다. 서로 묻고 답하며 타인을 알아간다. 자신을 알아가기 위해서도 마찬가지다. 자신과 친해지려면 끊임없이 자신에게 말을 걸어야 한다. 자기 자신을 잘 알게 되면, 비로소 너무 많은 사람들이 살면서 이걸 단 한 번도 하지 않은 채 살아간다. 무엇을 원하는지도 깨닫게 된다. 그제야 제대로 된 목표를 세울 수 있다. 당신에게 제대로 된 목표가 생겼다면 생각이라는 씨앗을 심었다고 할 수 있다. 당신의 두 손에 씨앗이 있다면 무엇을 할 것인가? 그 씨앗을 반드시 심어야 한다. 그래야 웅장한 나무로 키워낼 수 있다.

나는 바란다. 부자가 되겠다는 '생각의 씨앗'을 당신의 무의식이라는 비옥한 땅에 심고, 부디 거대한 부의 나무로 키워내기를.

가난한 신념에
의심을 품어라

취업했다는 기쁨도 잠시, 고통스러운 생활에 몸과 마음이
찢겨져 나가던 입사 2~3년 차 시절의 일이다. 하루하루 지쳐
가던 나에게 한 선배가 위로의 말을 건넸다. 바로 "직장 밖은
진짜 지옥이야"라는 푸념이었다. 선배들의 조언 중 지금까지
도 기억에 또렷이 남은 말이다. 그 당시 나는 이 말에 공감했음
은 물론이고 심지어 '명언'이라고 여겼다. 그때의 나는 진심으
로 이렇게 생각했다.

'직장인 중에서 일이 정말 좋아서 하는 사람이 몇이나 되겠

어? 그냥 다들 힘들어도 버티면서 회사 생활 하는 거지. 그러니까 사회생활이 쉽지 않다고들 하는 거겠지.'

당연한 생각이었다. 나도, 동료도, 선배도, 그 선배의 선배까지도 전부 다 그렇게 생각했고, 그렇게 말했고, 그렇게 살아가고 있었으니까. 그때는 백화점이나 병원, 카페 같은 곳이 평일에 왜 그렇게 빨리 문을 닫는지 참 의아했다. 내가 퇴근 후에 가려고 할 때마다 이미 마감 시간이 다 되었기 때문이다. 도대체 누가 평일 낮에 백화점이나 병원을 갈 수 있단 말인가? 매번 '휴가'나 '외출'을 사용하라는 건가? 아무리 고민해봐도 이런 의문은 결코 풀리지 않았다. 어차피 평일 낮에는 손님도 별로 없으니 평일 매출은 포기하는 건가 싶었다. 삼십 대 초반의 나는 꿈에도 몰랐던 것이다. 평일 낮에도 백화점 주차장은 항상 자리가 모자라고, 병원과 카페에도 사람들이 넘쳐 난다는 사실을.

혹시 당신도 그때의 나와 비슷한 생각을 하고 있는가? 당신은 지금 어떤 세상에 살고 있는가? 그렇다면 무의식에 가난한 마인드가 설치되어 있지는 않은지 합리적인 의심을 가져볼 때이다.

'집단 최면'을 통해
무의식에 가난을 설치하는 사람들

그때 내가 인터넷 검색을 단 1분만 해봤다면 우리나라 인구 중 직장인보다 직장인이 아닌 사람이 훨씬 많다는 사실을 깨달았을 것이다. (2023년 3월 고용노동부 사업체 노동력 조사 결과에 따르면 종사자 1인 이상 사업체에 종사하는 인구는 총 1,914만 명으로, 2023년 대한민국 인구수가 5,155만 명임을 감안했을 때 '직장인'의 비율은 약 37%이다.) 그러나 내가 살던 세상에서는 이를 전혀 눈치챌 수 없었다. 내 주변 사람 모두가 직장인으로 구성된 세상에서는 직장인이 아닌 이들의 삶을 떠올리기 힘들었다.

아마 당신은 성공하고 싶다는 간절한 마음으로 이 책을 펼쳤을 것이다. 당신이 원하고 바라는 성공이 무엇이든 그걸 현실화하려면 반드시 주변 사람을 바꿔야 한다. '주변'이라는 단어가 주는 어감 때문에 '주변 사람은 말 그대로 내 주변일 뿐인데, 나만 잘하면 되지 주변 사람이 뭐 그렇게 중요한가?' 하고 의아해할 수 있다. 그러나 당신이 생각하는 이상으로 '주변 사람'들은 엄청나게 중요하다. 그 주변 사람들이 바로 당신의 전부이고, 당신의 세상이기 때문이다. 삶에서 가장 많은 시간을 함께 보내는 사람들이 누군지 떠올려보라. 가족이 아니라 직장 동료들이다. 직장인이라면 보통 7일 중 5일은 회사에 출근한다. 7분의 5, 정확히 인생의 71%를 직장 동료들과 보낸다. 이들이 "회사 바깥은 지옥"이라고 말하면 그것이 당신의 세계에서 '사실'이 된다.

더욱 이해하기 쉽도록 비유를 들어 설명하겠다. 인공위성 같은 것은 존재하지도 않던 시대를 떠올려보라. 그때는 오직 배를 통한 탐험이 전부였다. 당연하게도 그들은 직접 가본 곳까지만 실존하는 세상으로 인지할 수 있었다. 이 시기의 지도 제작자들은 배로 가보지 못한 곳부터는 지도에 빨간 점선을 긋고 이렇게 표시했다.

'이 지점을 넘어가면 대단히 위험함.'

심지어 '위험한 괴물이 살고 있음'이라고 적어놓기까지 했다. 꽤 오랜 시간 동안 사람들은 지도 제작자들의 경고를 '사실'로 받아들이고, 그 지점 밖으로는 절대 항해하지 않았다.

다시 본론으로 돌아와 당신이 만약 직장인이라면, 당신 주변의 모든 사람은 서로가 서로에게 지도 제작자의 역할을 하는 것이나 마찬가지다. 누군가 '워라밸'을 잘 지키며 살다가 정년 퇴직 하는 게 최고라고 이야기하면, 옆에 있는 누군가는 맞는 말이라며 고개를 끄덕인다. 직장 동료들과 당신은 각자 자신만의 세계에서 이를 사실로 만들어버린다. 비단 직장인만의 현상이 아니다. 모든 사람은 '나'와 주변 사람들로 구성된 울타리 안에서 살아가고 있으며, 엄청난 계기가 존재하지 않는 한 그 울타리를 벗어나기란 어렵다.

더욱 무서운 것은 당신이 눈치채지 못하는 사이에 주변에서 매우 잦은 빈도로 최면을 걸어온다는 점이다. 일본의 전설적인 마케팅 컨설턴트 간다 마사노리는 그의 저서 『비상식적 성공 법칙』(생각지도, 2022)에서 "인간은 반복되는 말에 약하다"라고 강조한다. 특히 집단적으로 행해지는 최면에서는 빠져나올 길이 없다고 한다. 생각해보면 해마다 회사의 대표들은 시무식 연설을 이렇게 시작한다.

"작년 한 해 최악의 불경기와 어려운 대내외 여건 속에서도 최선을 다해준 우리 직원들의 노고에 진심으로 감사를 표하며, 올해 역시 글로벌 경기 침체가 지속될 것으로 예상되는 바…."

각종 언론과 매체에서는 거의 하루도 빠짐없이 '지속되는 불경기', '최악의 불경기 속에서'라는 표현을 반복한다. 회사 대표는 '불경기'라는 말을 자주 언급하면서 직원의 머릿속에 '불황'이라는 현실을 각인시킨다. 바로 그 순간, 당신의 세계에서도 불경기는 현실이 된다. 이에 대해 간다 마사노리는 "나의 현실은 계속 반복해서 듣는 말, 나 스스로 하는 말, 그리고 다른 사람이 동조하는 말에 의해 컨트롤된다"라고 강조한다. 요컨대 당신의 주변 사람들이, 바로 당신의 세계다.

당신의 세계를 바꾸는
가장 효과적인 방법

———

"아니, 성공하려면 직장도 그만두고, 가족도 바꾸란 말인가
요? 그걸 어떻게 해요?"

그렇게 하라는 말이 아니다. 주변 사람을 하루아침에 바꾸기
란 당연히 쉽지 않다. 서서히 바꾸기도 어렵다. 직장을 당장 그
만둘 수도 없고 가족을 바꾸는 일은 더더욱 불가능하니 말이다.

다행히 방법은 있다. 나를 포함해 수많은 사람이 실제로 해
보고 성공한, 일종의 '보장된' 방법이다. 바로 당신 주변을 책
의 저자들로 에워싸는 것이다. 당신 주위에 물리적으로 존재
하는 사람들만 '주변 사람'이라고 생각할 필요가 없다. 저자들
은 당신과 '불금'에 맛있는 저녁 식사를 함께할 수 없고, 주말
오후에 카페에서 아이스 아메리카노를 마시며 일상적인 대화
를 나눌 수도 없다. 하지만 좋은 점도 있다. 주변에 '물리적으
로' 존재하는 사람들 중 당신이 인생의 멘토로 삼고 싶고, 당신
이라는 사람의 평균을 확 올려줄 수 있는 사람을 5명쯤 찾기란

생각보다 굉장히 어렵다. 반면에 책을 쓴 저자들은 5명이 아니라 ~~나의 경우 주위에 단 한 명도 없었다.~~ 50명도 쉽게, 심지어 금방 찾아내서 당신 옆에 둘 수 있다. 이뿐만이 아니다. 물리적으로 존재하는 사람들과 만나려면 미리 약속부터 잡아야 한다. 피치 못할 일이 생기면 약속을 다음으로 미뤄야 할 수도 있다. 그러나 책의 저자들은 다르다. 당신이 이들과 대화하고 무언가 배우기를 원한다면 그들은 언제든, 인생을 관통하는 모든 순간을 당신과 함께해줄 것이다.

부와 성공을 이미 거머쥔 수많은 사람과 지인이 되어라. 나역시 언제든 옆에서 당신이 더 많은 삶을 살아갈 수 있도록 도울 것이다. 언제든 말이다.

모두가 똑같은 세계에 산다고
착각하지 마라

사실 지금은 불경기가 맞다. 코로나19 팬데믹 당시 미국을 비롯한 각국은 경제 위기를 극복하기 위해 정부 주도의 적극적인 재정 정책을 펼쳐 돈을 풀었고, 이로 인해 전 세계는 '유동성의 시대'를 맞이했다. 지금은 반대로 풀렸던 막대한 자금을 다시 회수하는 과정에서 '고금리'와 '고물가'라는 이중 압박에 시달리면서 불황을 맞고 있다. 현재 우리는 소위 '글로벌 경기 침체'의 시기를 살아가고 있다. 그런데 적어도 내 기억으로 "경제 호황기가 찾아왔습니다"라는 말은 수십 년째 들어본 적이 없다. 그 오랜 시간 동안 모든 매체는 언제나 한결같이 이렇게 말했을 뿐이다.

"글로벌 경기 침체의 여파로 올해도 어김없이 불경기가 이어지고 있습니다."

"지속되는 경제 침체와 살인적인 물가 상승으로 인해 서민들은 이중고에 시달리고…."

"장기 침체 국면이 이어지면서…."

인생의 '변수'가 아니라는 말이다.
그냥 '상수(常數)'라고 생각하면 편하다.

그렇다. 우리는 언제나 (불경기) 속에 살고 있다. 그런데 뭔가 이상하지 않은가? 이토록 수십 년간 불황이 계속되어왔는데도 누군가는 경제적 자립을 이루고, 투자에 성공하고, 사업을 키워왔다. 어떤 상황에서든 성장하고 성공한 사람들은 항상 존재했다. 당신의 세상은 불경기였지만, 그들의 세상은 전혀 달랐던 것이다. 지금 이 순간에도 누군가는 당신과는 전혀 다른 세상에서, 다른 인생을 만들어가고 있다.

지금 당신은 어떤 세상에 살고 있는가? 그리고 어떤 세상에 살고 싶은가? 지금과 다른 세상을 만들고 싶다면, 주변 사람부터 바꿔야 한다. 그리고 꾸준한 반복으로 당신의 무의식 속에 자리한 '가난 프로그램'부터 지워야 한다.

당신의 무의식에는
어떤 프로그램이 설치되어 있는가

"부자는 계속 부자고, 가난한 사람은 계속 가난하다."
"부익부빈익빈富益富貧益貧이다."

살면서 한 번쯤은 이런 말을 들어봤을 것이다. 어쩌면 지겹도록 들었을 수도 있다. 그것이 문제는 아니다. 진짜 문제는 이 말을 당연하다고 '생각'하고 실제로 '믿는다'는 데 있다. 물론 부정할 수 없는 현실을 담고 있는 말이긴 하다. 대부분의 사람들은 부자가 아니며, 지금 중산층에 머물러 있다면 앞으로도 중산층으로 살아갈 가능성이 매우 크다. 가난하다면 그 상태를 벗어나기란 더욱 어렵다. 그 이유는 도대체 무엇인가?

일단 '열심히 살지 않아서'는 답이 아니다. 정말 모두가 치열하게 산다. 태어난 김에 산다거나 인생 쉬엄쉬엄 대충 사는 사람, 별로 없다. 직장 내 스트레스와 월요병에 시달리면서도 무거운 몸을 이끌고 매일같이 회사에 출근해서 아침부터 밤까지 성실하게 일하니까. 심지어 그 와중에 자기계발과 재테크까지 한다. 공모주 청약에 도전하고, 아파트 청약 통장에 매달 착실히 돈을 넣으며, '삼성전자'나 '카카오' 같은 우량주를 사 모은다. 그뿐인가? 회사에서 받을 수 있는 최대치의 보상을 받아내고자 치열하게 노력한다. 매년 돌아오는 연봉 협상에 최선을 다해 임하고, 이직을 통해 연봉도 높여보고, 야근과 주말 출근까지 하며 초과 근무 수당도 받고, 성과급도 받는다. 이 모든 것을 다 하는데도 인생은 변하지 않는다. 다만 건강(몸, 정신)은 안 좋아졌을 것이다. 오늘은 어제와 똑같고, 이번 주는 지난주와 똑같다. 올해 역시 작년과 별 다를 바가 없다. 당신은 매일같이 출퇴근을 반복하고, 카드 값은 매달 빠짐없이 청구되며, 통장 잔고는 여전히 늘지 않는다. 도대체 왜 이런 것인가? 부자가 될 기미가 전혀 보이지 않는다. 그렇다면 한 가지 사실은 매우 분명해 보인다. '번아웃'이 올 정도로 열심히 산다고 해서 부자가 되지는 않는다는 점이다.

이는 과거의 내 모습이다. 또한 이 책을 읽고 있는 당신의 모습일 수도 있다. 어쩌면 허탈감에 빠져 있을지도 모르겠다. 매일을 열심히 살지만 그 무엇도 달라지지 않았으며, 심지어 내일도 달라지는 게 없을 거라는 사실은 당신을 지치게 만든다.

당신에게는
'부의 소프트웨어'가 깔려 있는가

'부자는 계속 부자고, 가난한 사람은 계속 가난하다.'

이 견고하고 당연해 보이는 문장을 '인수분해' 해보자. 이 말을 낱낱이 분해해서 '진짜 이유'를 찾아보자는 말이다. 그럼 반대편에 존재하는 또 하나의 엄연한 진실이 선명하게 보인다. 누군가는 분명 '흙수저'였는데 스스로 '금수저'가 된다는 것. 기어이 가난을 떨쳐내고 부자가 되는 이들이 있다. 매우 예외적인 한두 명의 이야기가 아니다. 꽤 많은 사람들이 죽어도 넘을 수 없을 것 같았던 그 벽을 마침내 뛰어넘고야 만다. 지금 당신에게 이렇게 이야기하는 나 또한 그 분명한 증거다. 나도 한때는 '평범한' 축에 끼지도 못하는 직장인이었다. 전 재산을 투자 사기로 다 날리고 우리은행에서 신용대출을 받아 빚만 잔

뜩 안고 있었다. 그 시기 내 통장에는 정확히 '0원'이 찍혀 있었다. 그런데 그 한심했던 직장인이 지금은 경제적 자유를 이루고 원하는 삶을 살고 있다.

도대체 나는 무슨 수로 그 견고한 울타리 밖으로 나갈 수 있었을까? 불과 몇 년 전까지만 해도 나는 그 울타리를 넘어가면 인생 망하는 줄 알았다. 이 울타리가 내 인생, 경제력, 사회적 신분을 보장해주고 지켜준다고 굳게 믿었기 때문이다. 나에게 그 울타리는 절대적으로, 어쩌면 내 인생 그 무엇보다 중요했다. 그런데 아니었다. 다시 한번 강조한다. 그게 아니었다. 나는 그 시기를 지나며 절실히 깨달았던 그 진실을 이 책을 통해 전하고자 한다. 내 인생, 시간, 건강을 바쳐서 얻은 경험과 진실을 당신에게 오롯이 털어놓고자 한다.

여러 번 이야기하지만 나는 어떤 아파트에 투자해야 하는지, 어떤 주식을 언제 사야 하는지와 같은 '방법론'을 말할 생각이 없다. 그건 일종의 코로나 재난 지원금이라 할 수 있다. 일회성인 데다가 근본적인 해결책도 아니다. 그런 방법론을 익히기 전에 무엇보다 필요한 것은 '마인드 전환'이다. 당신이라는 껍데기(하드웨어)를 움직이는 운영 체계인 '무의식'에 어떤 소프트웨어가 설치되어 있는지, 그 소프트웨어가 '부의 소프트웨어'인지 '가난 소프트웨어'인지부터 확인해야 한다.

'리미트'가 걸려 있으면
인생을 바꿀 수 없다

———

"무의식? 자기계발서에 맨날 나오는 뻔한 얘기네?"

여기까지 읽고도 이런 생각을 한다면 이 책을 읽지 않는 편이 낫다. 어차피 그런 생각으로 책을 읽어봤자 별다른 도움도 되지 않을뿐더러, 엄청나게 높은 확률로 당신의 인생 또한 바뀌지 않을 테니까. 어떻게 아냐고? 과거의 내가 겪어봤기 때문이다. 예전의 나에게 마인드를 바꾸라는 메시지는 그저 잔소리에 불과했다. 그때의 나는 진심으로 그렇게 생각했다. 그 당시의 내가 달고 다니던 말이 있다.

"아니, 내가 무슨 부자도 아니고."

"저 동네는 진짜 돈 많은 사람들이 사는 데니까."

"부자는 두 종류야. 금수저이거나, 아니면 선천적으로 진짜 돈 버는 데 타고난 사람이거나."

그때 나는 내 무의식에 '리미트limit', 즉 한계가 설정되어 있다는 사실조차 깨닫지 못했다. '리미트'가 걸려 있으면 말 그대로 일정 정도 이상으로는 올라갈 수 없으므로, 인생이 바뀌는 나는 이를 '중산층 전문가' 혹은 '가난 전문가'라고 부른다. 어떻게 하면 절대로 부자가 되지 않고 중산층으로 계속 살아갈 수 있는지, 어떻게 하면 계속 가난을 유지할 수 있는지 '전문가' 급으로 잘 알고 있기 때문이다.

수준의 변화도 당연히 이룰 수 없다. 중산층은 딱 중산층에 머무를 만큼만, 가난한 이들은 딱 가난한 정도에 머무를 만큼만 스스로 생각하고 딱 그 정도 능력까지만 발휘하게 된다. 에어컨에 '희망 온도'를 맞춰놓으면 그 온도를 정확하게 맞춰가듯 내 무의식의 프로그램은 나를 딱 그 범위 안에서만 머무르게 만든다.

유리병 속 벼룩 실험에 대해 들어본 적이 있는가. 벼룩은 일반적으로 자기 몸 크기의 100배가량 뛰어오를 수 있다. 그런데 벼룩을 유리병 속에 넣은 다음 투명한 유리 뚜껑으로 닫아놓아 보자. 뛰어오르던 벼룩이 유리 뚜껑(천장)에 부딪힌다. 몇 번 더 부딪히고, 계속 부딪히며 고통을 느낀 벼룩은 어느 순간부터는 뚜껑에 닿지 않을 만큼만 뛰어오른다. 굉장히 흥미로운 점은 뚜껑을 치워도 벼룩은 여전히 그 높이만큼만 뛴다는 사실이다. 벼룩이 '셀프로' 스스로를 유리병에 가둔 셈이다. 이것이 바로 스스로 한계를 설정해버리는 '셀프 한계 설정'이다. 그 유리병 안에서 태어난 벼룩은 원래 자기 몸 크기의 100배를 뛸 수 있는 능력이 있다는 사실조차 모른 채 평생을 살아갈 것이다.

당신도 유리병 안에서 태어난 그 벼룩과 같이 '셀프 한계'를 지니고 있지는 않은가?

무의식에 '부의 소프트웨어'가
설치되어 있지 않으면 벌어지는 일들

————

무의식에 '리미트'가 걸려 있다면, 그러니까 부의 소프트웨어가 설치되어 있지 않다면 인생이 어떻게 흘러가는지 간단히 이야기해보겠다.

일단 '부'에 대한 어떠한 개념조차 없다. 부자는 다른 세상 이야기일 뿐이므로 별생각 없이 살아가다, 어느 날 문득 주변을 둘러보니 갑자기 나 빼고 다 부자 같다는 생각이 든다. 누구는 서울 아파트에 '자가'로 살고, 집이 몇 채고, 누구는 외제차를 타고, 누구는 해외여행을 수시로 다닌다. 진짜 다들 그렇게 잘산다고? 왠지 주눅이 들고 묘한 경쟁 심리도 생긴다. 내 주변 사람들이, 직장 동료들이 이렇게 돈이 많을 줄은 몰랐다.

어떻게 해야 할까? 신경 끄면 그만이라고 스스로를 달래보지만 좀처럼 잘되지가 않는다. 결국 부자처럼 보이기 위한 행동을 하나둘씩 하기 시작한다. 무리인 줄 알면서도 '전액 할부'로 수입차를 사서 자존심을 세우고, 명품 가방도 사서 회사 동료나 지인의 결혼식장에 들고 간다. 1년에 한 번쯤은 해외여행도 간다. 다들 베트남 다낭으로, 괌으로 여행을 가는데 나라고 질 순 없지 않은가. 그리고 어떻게들 그렇게 미국에 친척 한 명쯤은 다 있는지 참 신기하다. 여기저기서 친척 초대로 뉴욕이나 LA 등 대도시를 일주일씩 여행하고 왔다고 자랑한다. 나는 미국에 친척은커녕 아는 사람 한 명 없는데 말이다. 미국은 아니지만 나 역시 어쨌든 4박 5일간 해외여행을 간다. 그중 하루 정도는 1박에 수십만 원씩 하는 최고급 리조트에서 묵는다. 멋지게 사진 찍어서 인스타그램에 올려야 하니까. 아, 자존감이 조금은 회복되는 듯하다.

그런데 마음이 편하지 않다. 나는 월급 몇 달 끊기면 생계가 막막한 직장인일 뿐이기 때문이다. 나는 미처 알지 못한다. 그렇게 부러워한 돈 많다는 회사 직원들도 사실은 나와 비슷한 처지라는 것을 말이다. 그런데도 나는 그들에게 뒤처지지 않기 위해 부자처럼 '보이기' 위한 소비를 계속하고, 그런 나를 보며 누군가는 나보다 더 큰 소비를 한다. 그렇게 부자가 아닌 자들끼리 벌이는 '무한 소모전'은 끝없이 이어진다. 그리고 모두 다 같이 점점 더 가난해진다.

혹시 당신도 부자처럼 보이고 싶었던 적이 있는가? 있다고 해도 전혀 자책할 필요 없다. 누군가는 이를 두고 질투, 허세, 과시욕이라며 비난하겠지만, 이는 표면적인 감정의 결과물일 뿐 문제의 근원이 아니기 때문이다. 이것은 결국 당신의 무의식에 '부의 소프트웨어'가 설치되어 있지 않아서 벌어진 일들이다. 지금 당신의 무의식에는 '중산층 소프트웨어' 혹은 '가난 소프트웨어'가 설치되어 있다. 당신이 부자처럼 보이려고 했던 그 모든 행동은 '이미 깔려 있는' 소프트웨어 내에서 도출해낸 최선의 결과물이었으므로 자책할 필요가 없다.

'가난 소프트웨어'를 삭제한 뒤 원하는 삶을 사는 사람들

"무의식의 소프트웨어란 게 안 깔려 있으면 그냥 망한 건가요? 이대로 살다가 가야 하나요?"

절대 그렇지 않다. 당신의 무의식에 설치되어 있는 '중산층' 혹은 '가난'의 프로그램을 삭제하고, 새로운 부의 소프트웨어를 설치할 수 있다. 다만 꼭 기억해야 할 점이 있다. '가난 소프트웨어'를 누가 대신 삭제해줄 수 없다는 것이다. 다르게 말하면, 당신 스스로 얼마든지 소프트웨어를 갈아 끼울 수 있다.

그렇다. 어느 누구도 아닌 오직 당신만 할 수 있다.

평생 '포텐' 한 번
못 터뜨리고 살다 갈 건가

무일푼에서 불과 2년 반 만에 억만장자가 된 하브 에커는 그의 저서 『백만장자 시크릿』(알에이치코리아, 2020)에서 이렇게 말한다.

"80%가 자신이 바라는 만큼의 경제적인 자유를 누리지 못하고 80%는 진정한 행복을 느끼지 못한다."

대부분 사람들이 경제적 자유를 바라지만 안타깝게도 그중 대다수는 평생 바라는 만큼의 경제적 자유를 누리지 못한 채 세상을 떠난다. 일단 자신이 무엇을 원하는지 정확히 모르고,

알더라도 그걸 어떻게 이뤄내야 하는지 모르기 때문이다. 사실 이는 당연하다. 모두가 성공하는 방법을 알고 있다면 누구나 성공했을 테니까. 그렇지 않기에 소수만 성공을 한다. 만약 당신이 그 소수의 그룹에 속하게 된다면 사람들은 깜짝 놀라며 이렇게 물어볼 것이다.

"완전 '포텐' 터졌네! 어떻게 그렇게 ⟨갑자기⟩ 성공한 거야?"

그렇다. 생각보다 사람들은 다른 사람의 성장, 내적 변화에는 거의 관심이 없다.

당신은 삶을 바꾸길 원한다. 더 많은 삶을 원한다. 이를 위해 더 많은 부를 원한다. 그렇지 않은가? 이 책을 읽고 있는 이유도 그 때문이다. 그렇다면 이제 '포텐'이라는 단어에 주목해보자.

내 '포텐'이
안 터지는 이유

'포텐'은 흔히 영어 단어 'potentiality'를 줄여서 편히 쓰는 말로, 인간의 잠재력을 뜻한다. 여기서 잠재력은 바로 무의식의 힘이다. 겉으로 드러나지 않는 이 거대한 힘이 우리 무의식에 내재되어 있다. 유독 잠재력이 좋은 사람들이 있을까? 절대 그렇지 않다. 우리가 흔히 일상에서 쓰는 "포텐 터졌다" 혹은

"포텐이 안 터졌다"라는 말에 그 해답이 있다. 잠재력이 터지거나 터지지 않았다는 표현 자체가, '잠재력'이 밖으로 발현되거나 발현되지 않았다는 차이만 있을 뿐 내면에 이미 존재한다는 것을 의미한다. 누구나 지니고 있으므로, 원하는 것을 이룰 힘 또한 당연히 함께 지니고 있다.

그런데 왜 대부분의 사람들은 평생 '포텐' 한 번 터뜨리기 힘들어할까? 많은 저자들과 학자들은 "일상의 95%는 무의식이 통제한다"라고 강조한다. 인간이 하루에 떠올리는 약 5만 개의 생각 중에서 95%에 해당하는 47,500개의 생각은 당신이 의식적으로 통제할 수 없다.

예를 들어보자. 과거 내가 직장인이었을 당시, 이른 아침 출근해서 업무를 보다가 문득 전기장판을 끄지 않았다는 사실을 깨달은 적이 몇 번 있었다. 혹시 내 기억이 잘못되지는 않았는지 아무리 생각해봐도, 아침에 막 잠에서 깨어나 출근하기 전까지 했던 행동들을 하나하나 전부 떠올려봐도 전기장판을 끈 기억이 없었다. 급한 마음에 회사에 '외출계'까지 올리고 집으로 황급히 돌아간 나는 매번 허탈함을 느낄 수밖에 없었다. 단 한 번의 예외도 없이 전기장판은 잘 꺼져 있었기 때문이다.

나의 아내 역시 비슷한 경험을 자주 했다. 아내는 출근하고 난 뒤 종종 급하게 전화를 걸어 나에게 '고데기'를 끄고 오지 않았다며 불안해하곤 했다. 그러나 아내 역시 집에 돌아가 보면 어김없이 고데기는 잘 꺼져 있었다고 한다. 심지어 전기 코드 선을 돌돌 말아 서랍 속에 정돈까지 해놓았다며 허탈해했다. 그런데 아무리 생각해도 나와 아내는 전기장판과 고데기를 끈 기억이 없다. 이런 예는 얼마든지 많다. 과음을 하고 '필름'이 끊긴 상태에서도 대부분의 사람들은 자신의 집을 잘 찾아가는 것은 물론이고, 심지어 여덟 자리 도어락 비밀번호와 '별표 버튼'까지 틀리지 않고 누른다. 혹시 출퇴근을 하면서 당신은 어떻게 갈지, 어느 길로 갈지 매번 고심하는가? 그렇지 않을 것이다. 말 그대로 매일 오가는 그 출퇴근길을 '그냥' 다닌다.

도대체 어떻게 이런 일이 가능할까? 당신이 한 일이 아니어서 그렇다. 보다 정확히는 당신이 '의식적'으로 한 일이 아니기 때문에 기억이 나지 않는다. 당신은 전기장판이나 고데기를 끄지 않았고, 집을 찾아가 도어락 비밀번호를 누른 적이 없으며, 매일 오가는 출퇴근 길에 신경을 쓴 적도 없다. 47,500개의 생각들, 당신의 무의식 혹은 잠재의식이 한 일이다.

당신은 지난 3년 동안
5,200만 원을 버렸다

여기에 중요한 핵심이 있다. 하루 47,500개의 이 생각들을 당신의 목표가 있는 방향으로 향하게 만들어놓아야 한다. 그렇게 하지 않으면 무의식은 당신에게 그저 '잡념'일 뿐이다. 당신이 잡념으로 취급해버린 그 생각들은 불꽃 축제에서 밤하늘에 선명하게 빛났다가 흔적도 없이 사라지는 불꽃처럼 그렇게 사라져버릴 것이다. 무의식을 '돈'이라고 한번 생각해보자. 당신 계좌에 매일, 단 하루도 거르지 않고 5만 원이 입금된다. 당신은 그중 2,500원만 쓰고 나머지 47,500원은 그냥 '버린다.' 그렇게 3년이면 5,200만 원이고 30년이면 대략 5억 원이다. 부자가 되고 싶다는 당신이, 매일 단 하루도 쉬지 않고 이 많은 돈을 그냥 버리고서야 어떻게 부자가 되겠는가. 보석 같은 그 생각들을 다 흘려버리는데 당신의 '포텐'이 터질 리 있겠는가?

심지어 당신은 스스로도 깨닫지 못하는 사이에 부모님으로부터 '가난 소프트웨어' 혹은 '중산층 소프트웨어'를 물려받지 않았는가. 그러니 무슨 수를 써도 성공하거나 부자가 될 수가 없다. 당신의 무의식은 그저 자기 역할에 최선을 다할 뿐이다. '중산층 소프트웨어'가 설치되어 있다면 당신이 훌륭하게

'중산층'을 유지하도록 당신의 무의식은 최선을 다한다. 이 무의식은 당신이 절대로 가난해지지 않게 해주는 대신, 부자 또한 되지 못하도록 철저하게 막는다. 그저 내비게이션에 입력된 '중산층'이라는 도착지를 향해 길을 잃지 않고 갈 수 있도록 당신을 안내하고 있다. 인생의 수많은 선택 앞에서 무의식은 중산층이라는 목적지에 잘 도착할 수 있도록 우회전, 좌회전 혹은 유턴을 하라고 안내한다. 당신이 의식하지 못할 뿐, 이러한 안내는 다양한 형태의 시그널로 당신에게 전달되었다.

그렇게 오늘 당신의 모습이 여기 있다. 당신은 지금까지 부자가 되지 못하도록, 성공하지 못하도록 스스로를 방해하며 살아왔다.

무의식의 내비게이션에
원하는 목적지를 입력하는 법

———

그렇다면 무의식을 어떻게 바꿀 수 있을까? 과연 무의식의 내비게이션에 원하는 목적지를 다시 정확히 입력할 수 있을까? 당연하다. 무의식으로 향하는 유일한 길은 '의식'에 있다. 즉, 의식을 통해서만 무의식의 세계로 들어갈 수 있다. 이 말은 곧 무의식을 바꾸기 위해서는 일정한 행동을 '의식적으로' 해야 한다는 뜻이다. 칼 융은 "무의식을 의식화하지 않으면 삶은 정해진 대로 흘러간다. 우리는 이걸 '운명'이라고 부른다"라고 말했다. 무의식을 의식화하는 방법은 간절히 원하는 것을 소리 내어 말해보고, 손으로 적고, 머릿속으로 상상하여 시각화하는 모든 행동을 포함한다. (의식적으로 행하는 이러한 행동들이 바로 기존의 소프트웨어를 삭제하고 새로운 소프트웨어를 설치하는, 내비게이션에 새로운 목적지를 입력하는 과정이다. 이에 대한 구체적인 근거와 방법은 다음 장에서 더욱 자세하게 알아볼 예정이다.)

그런데 우리의 무의식은 '카카오 맵'이나 '티맵'이 아니므로, 입력한 후 '안내 시작' 버튼을 단 한 번 누르는 것만으로는 작동하지 않는다. 버릇을 들이듯 계속 반복 입력해줘야 한다. 한 번쯤 "무언가를 이룰 때까지 스스로를 속여라"라는 말을 들어봤을 것이다. 이 말은 무엇을 의미할까? 간절히 원하는 목표를 이미 이루었다고 '의식적으로' 당신의 무의식에 계속 말해주라는 것이다. 시멘트 벽에 스테인리스 젓가락으로 글씨를 새긴다고 생각해보라. 한 번으로는 흔적 하나 남지 않는다. 그런데 이를 매일같이 계속한다면 점차 벽에 글씨가 흐릿하게 보이기 시작할 것이고, 어느 순간부터는 또렷하고 선명한 글씨가 단단히 새겨질 것이다. 당신의 목표를 무의식에 새길 때도 마찬가지다. 이것이 무의식에 '각인'시키는 방법이다. 당신의 그 '글씨'는 이제 다시는 지워지지 않는다. 이렇듯 반복을 통해 정말 딱 한 번, 무의식에 '부와 성공의 소프트웨어'를 설치하면 끝이다. 그때부터는 굳이 애쓸 필요도 없다. 당신의 무의식이 성공이라는 목적지로 안내할 테니까.

'사람이 어떻게 매일 그렇게 반복을 하나….'

'나는 끈기가 약한 편인데 어떡하지?'

혹시 내가 유독 강조한 '매일', '계속', '반복'이라는 단어를 보며 이렇게 생각하지는 않았는가? 물론 쉬운 일은 아니다. 그러나 인생을 바꾸는 작업이다. 심지어 평생 할 필요도 없고, 살면서 '딱 한 번'만 무의식에 당신의 목표를 새기면 끝이다.

또한 이 작업은 당신이 그동안 그토록 경계해왔던 '리스크'가 정말 하나도 없다. **살면서 어떤 선택 앞에서 망설였던 이유는 모두 '리스크' 때문이다.** 그런데 당신의 무의식을 바꾸는 이 엄청난 작업에는 리스크가 전혀 없다. 큰돈이 들지도 않고, 건강이 상하지도 않으며, 엄청난 시간이 걸리지도 않는다. 심지어 당신과 주변 사람들에게 부정적 에너지를 주는 일도 아니며, 그 어떠한 피해도 주지 않는다. 이것을 내가 처음으로 깨달았던 그 순간이 지금도 생생하게 기억난다. 그때 나는 조금의 망설임도 없이 이런 결론을 내렸다.

'아니, 이 좋은 걸 안 할 이유가 없는데?'

무엇이 당신이라는
'하드웨어'를 움직이는가

———

만약 우리가 여러 번 산다면 무의식이나 잠재의식 같은 것에 대해 신경 끄고 살아도 좋다. 이번 생에서는 무의식에 대해 관심 끄고 살아보니 결과가 별로였다며, 다음 생에서 무의식을 바꿔보면 되니까. 그러나 안타깝게도 우리의 삶은 딱 한 번, 오로지 단 한 번뿐이다. 무의식을 신경 쓰지 않겠다는 생각은 두 번 다시는 없을 인생의 95%를 '그냥 버리고 가겠다'라는 말과 똑같다.

무엇이 당신이라는 '하드웨어'를 움직이게 하는가. 무엇이 진정으로 중요한지 생각해보라. 자동차가 아니라 그 차를 운전하는 운전자, 머그컵이 아니라 그 안에 담긴 물, 컴퓨터가 아니라 그 컴퓨터를 구동시키는 운영 체계인 윈도우가 중요하다. 그 차를 몰아볼 계획이 없다면 당신은 그 차를 사지 않을 테고, 세상에 '물'이 없다면 머그컵은 애초에 발명되지도 않았을 것이다. 윈도우가 설치되어 있지 않은 컴퓨터는 그냥 벽돌이다.

'당신' '당신의 무의식'

하드웨어는 소프트웨어가 존재하지 않으면 '의미'가 없다는 뜻이다. 만약 당신이 삶의 의미를 찾을 수 없다거나 고통스럽고 힘든 하루를 반복하며 살고 있다면, 원하는 삶은 따로 있지만 언젠가 그런 삶을 누릴 수 있을 것 같다는 느낌조차 들지 않는다면, 당신 삶에 지금 무엇이 빠져 있는지 생각해보라. 답은 간단하다.

그리고 꼭 기억하라. 아무것도 하지 않았는데 어느 날 갑자기 '포텐'이 터지는 일은 절대 없다. 무의식에 훌륭한 소프트웨어를 설치해야만 가능하다. 그때 비로소 당신의 잠재력이 밖으로 터져 나올 것이다. 예전에는 도대체 이런 잠재력이 어디에 숨어 있었나 싶을 만큼 놀라울 정도로, 그 어떤 불꽃놀이의 불꽃보다 더 화려하고 장대한 모습으로.

THE MIND

제2원칙

상상을 통해
무의식에 닿아라

의식을 통해

무의식으로

10여 년 전, 취업준비생이던 나는 하루에 무려 일곱 곳의 회사로부터 서류 전형 탈락 통보를 받았다. '우리 회사에 너 같은 사람은 필요 없다'라는 날카로운 메시지가 날아와 가슴에 꽂히는 듯했다. '아니, 이 세상에 회사가 저렇게 많은데 정말 아무도 날 원하지 않는다고? 나는 정말 무가치한 사람인가?' 이런 생각들로 머릿속이 뒤엉켜 도무지 잠을 이룰 수 없었다.

새벽 2시, 갑갑한 마음에 아무 운동복이나 입고 집을 나섰다. 그러고는 편의점에서 맥주 두 캔을 사서 무작정 집 앞 천변 산책로로 향했다. 구석에 자리를 잡고 한껏 쪼그라든 마음으로 맥주를 마셨다. 복잡한 마음을 떨쳐내려고 애썼지만, 당신도 알 것이다. 힘든 마음을 떨쳐내려 애쓸수록 그 '힘든' 생각에 매몰되면서 더 힘들어진다는 것을 말이다. 나는 잠시 숨을 고르고 내가 원하는 삶을 상상해보았다.

'10년 뒤에는 정말 잘 살아야지. 일단 진짜 좋은 직장에 들어가고, 거기서도 인정받아서 승승장구해야지. 그냥 그저 그런 직장인 중 한 명으로 살지 말자. 이왕 회사 생활 하는 거, 회사에서 인정받고 '에이스'라는 소리도 한번 들어봐야 하지 않겠어? 회사에서 영향력 있는 사람이 될 거야. 아, 결혼도 해야지. 정말 행복한 가정을 꾸릴 거야. 좋은 차도 타고 다니고, 내 이름으로 된 집도 사야지. 이왕이면 아파트로 사야겠다. 세련되고 조용한 분위기에다 산책로가 잘 조성된 그런 아파트 말이야. 퇴근 후에 거길 산책하면서 걷기만 해도 기분이 좋아지겠지. 무엇보다 내 마음에 여유로움이 가득할 거야.'

서른 살이 되도록 가진 게 '아무것도' 없었던 과거의 내가, 새벽 2시에 천변에 쭈그려 앉아서 머릿속으로 상상한 내용이다. 만약 당시 내가 상상한 내용을 누군가에게 자세히 들려주었다면, 그건 상상이 아니라 공상 혹은 망상이라며 비웃음을 당했을지도 모른다.

그런데 나의 상상은 꽤 오래도록 이어졌다. 틈만 나면 천변에서

했던 상상을 모두 이룬 내 모습을 계속 떠올렸다. 상상하면 할수록 떠올리는 게 점차 쉬워지고 몰입도 잘되었다. 또한 상상이 거듭되면서 나의 상상 속 세계는 더욱 구체화되고 선명해졌다. 어느 날은 실제 그 세계에 들어갔다 나온 듯한 느낌마저 들었다. 그런 날은 좋은 기분과 충만한 에너지로 초라한 일상을 기꺼이 살아갈 수 있었다.

내가 이토록 상상을 했던 이유는 무엇일까. 그때는 할 수 있는 게 그것뿐이었기 때문이다. 그땐 몰랐다. 내가 세상에서 '가장 중요한 것'을 하고 있다는 사실을 말이다. 내가 무언가를 알고 상상하기 시작한 것은 아니다. 확언, 시각화 같은 말이 이 세상에 있는 줄도 몰랐다. 그저 상상했고 때로는 중얼거렸을 뿐이다.

그로부터 10년이 지난 어느 날, 귀에 이어폰을 꽂고 아파트 단지를 산책했다. 그날따라 유독 청량한 바람이 좋았다. 그러다 문득 정말 예상치 못한 타이밍에 불현듯 깨달았다. 오늘 내 모습이 10년 전 과거의 내가 그토록 원했던 그 모습이라는 것을 말이다. 사랑하는 가족, 집(심지어 여러 채의 집), 산책로가 예쁜 아파트, 자동차, 좋은 직장, 최연소 부서장…. 가진 것 하나 없었던 그때의 나에게는 말도 안 될 정도로 높았던 목표들을 모두 이루고(심지어 초과 달성을 하고), 지금은 경제적 자유까지 이루었다.

돌이켜보면 내 삶은 항상 그렇게 상상한 대로 흘러갔다. 그때의 나는 본능적으로 알았던 것 같다. 비현실적으로 느껴진다고 할지라도 '신경 쓰지 않고' 그저 간절히 바라는 목표를 세운 다음, '정말 구체적으로' 원하는 삶을 상상하면 결국은 현실이 된다는 사실을 말이다. (비현실적인 상상이 부끄러운가? 어차피 나만이 볼 수 있는 상상인데 무슨 상관이란 말인가.) 놀랍게도 시간이 지나면서 하나둘씩 원하는 목표가 현실이 되는 일이 반복해서 일어났다. 놀라움을 넘어서 '미쳤다'라는 말로밖에는 설명할 수 없는 일들이 실제로 일어나고 있었다. 나는 확신하게 되었다. 간절히 바라면 이루어진다는 사실을 눈치챈 것이다.

↳ 그래서 나는 개인적으로는 '끌어당김의 법칙'이 아닌,
'눈치챔의 법칙'이라고도 생각한다.

오해해서는 안 된다. 상상만 평생 한다고 저절로 이뤄지는 일은 아무것도 없다. 상상을 현실로 만드는 과정은 녹록지가 않다. 거의 대부분 '계획'대로 되지 않을 확률이 높다. 문제들도 하나둘 계속 해서 생겨난다. 그런데 한번 생각해보자. 원래 계획대로 되지 않는 게 '계획'이다. 계획대로 되는 것은 '스케줄'이라고 한다. 심지어 촘촘하게 짜여 있어서 예외가 없을 것 같은 그 스케줄마저도 꼬이 지 않는가? 계획은 원래 계획대로 되지 않기에 '계획'이다.

다음은 '문제'라는 것에 대해 생각해보자. 많은 이들이 문제가 자꾸 발생한다고 생각하지만 문제는 '발생'하지 않는다. 우리 앞에 펼쳐지는 그 많은 문제는 원래 거기에 있었다. 불 꺼진 거대한 창 고를 생각해보라. 우리 '시야'는 손전등이다. 불 꺼진 커다란 창고 에서 어떤 이는 창고 북쪽 방향을 손전등으로 비추고, 또 어떤 이 는 동쪽 방향을 비춘다. (인간은 원래 한 방향만 본다. 목표가 있는 사 람은 목표를 향해 나아가고, 목표가 없는 사람이라 할지라도 어쨌든 동서 남북 한 방향을 향해 가고 있다.) 그러고는 각자 문제를 하나둘씩 발견한다. 이들은 분명 조금 전까지 없었던 문제가 '발생했다'고 생각할지도 모르겠지만, 그 문제는 갑자기 생겨난 게 아니라 원래 북쪽과 동쪽에 존재하고 있었다. 거대한 창고 천장에 불이 들어오지 않는 이유도 여기에 있다. 만약 인간이 불 켜진 거대한 창고 전체의 모습을 볼 수 있게 된다면, 사방에 흩어진 수많은 문제를 보는 것만으로도 좌절해서 아무것도 하지 못할 게 뻔하기 때문이다.

그렇다. 계획은 원래 계획대로 되지 않고, 문제는 원래부터 실존하고 있었다. 그럼에도 불구하고 너무도 많은 이들이 '계획대로 되지 않는 문제' 때문에 그냥 포기한다.

'계획이 너무 꼬여버렸다. 상황이 더 나빠지기 전에 그만해야겠다.'

'이건 내가 해결할 수 있는 문제가 아니야.'

이런저런 이유들을 대며 '셀프 퇴장'을 하려 한다. 바로 그 순간, 새로운 소프트웨어가 설치된 당신의 무의식이 엄청난 위력을 발휘할 것이다. 무의식은 당신이 눈치채지 못하는 갖가지 방식을

통해 삶의 매 순간마다 당신을 도울 것이다. 그러므로 목표는 현실
적이지 않을수록 좋다.

지금껏 당신은 스스로 원하는 삶을 얼마나 떠올려보았는가? 아
직 제대로 생각해본 적 없다고 할지라도 낙담할 필요는 없다. 나
역시 처음엔 아무런 생각이 없었다. 생각의 실마리가 생긴 뒤에야
이를 토대로 마음껏 상상하기 시작했다. 이런 식으로 시작하면 된
다. 그런 뒤에는 원하는 삶을 수백 수천 번 상상하라. 이 단계에 이
르면 이렇게 깨닫게 된다.
　'아, 나는 지금 내 인생을 '미리 보기' 하고 있구나!'
　인생 미리 보기, 즉 '리허설'이 반복될수록 처음에는 비현실적
으로만 느껴지던 목표도 어느새 익숙해질 것이다. 무의식이 목표를
이룰 수밖에 없는 방향으로 당신을 움직이게 하기 때문이다.
　생각만 해도 가슴 벅차고, 너무 좋아서 펄쩍펄쩍 뛸 것만 같은
목표가 있는가? 그 목표는 충분히 비현실적인가? 목표는 현실적이

지 않아야 한다. 현실적인 것은 목표를 달성할 용기가 없는 사람들이 자주 들이미는 '가짜 목표'다. 꼭 기억하라. 진짜 목표는 현실적이지 않을수록 좋다. _스케줄_

그건 진짜
당신의 목표가 아니다

이 책을 읽고 있는 당신은 아마 부자가 되고 싶고, 성공도 하고 싶을 것이다. 그렇다면 부자가 되고 싶고 성공하고 싶다는 그 생각이라는 '씨앗'을 당신의 무의식이라는 땅에 심어야 한다. 이를 심는 행위가 바로 '목표 설정'이다. 목표가 명확하지 않다면 당연히 성공할 수 없다. 목적지가 없는데 어떻게 도착하겠는가. 그 자체가 모순이다. 목표를 정확하게 아는 일이 중요한 이유다. 문제는 대부분의 사람들이 자기 자신에 대해 '너무 심각한 수준으로' 모르고, 스스로에 대해 잘 모르니 당연히 자신이 무엇을 원하는지도 모른다는 데에 있다.

직장인이던 시절에 나는 공기업 인사 팀장이자 면접관이었다. 그 경험을 나누고자 취업 및 이직 준비생들을 대상으로 '원데이 클래스'를 열었던 적이 있다. 그들과 대화를 나누면서 자신이 어떤 삶을 살아가기를 원하는지 모르는 이들이 생각보다 너무 많다는 사실을 알게 됐다. 분명한 목표가 있다는 사람들조차 조금만 더 깊이 대화를 나눠보면 본인이 '진짜로 원하는 것'이 아닐 때가 많았다. 분명하다던 그 목표는 사실 부모님이 간절히 원하는 목표이거나, 친구나 주변 사람들과 비교했을 때 '나도 이 정도는 되어야지' 하는 동기에서 비롯된 목표가 대부분이었다. 간다 마사노리는 이런 목표를 "손때 묻은 목표"라고 표현한다. "손때 묻은 목표"는 당신의 진짜 목표가 아니며, 절대로 목표가 되어서도 안 된다.

부모님을 위해, 부모님이 원하시니까. 이건 당신이 '진짜 원하는 것'이 아니다. 즉, '부모님을 기쁘게 해드리기 위해 내가 원한다'라는 함정에 빠지지는 않았는지 한번 생각해보라.

당신은 당신이
원하는 것을 모른다

"명확한 목표가 중요하다는 건 알죠. 그런데 아무리 생각해봐도 제가 뭘 원하는지 진짜 모르겠는데 어떡하죠?"

왜 이런 일이 일어날까? 바쁘기 때문이다. 핑계가 아니라 정말로 바쁘다. 당신이 직장인이라면 아침 6시, 늦어도 7시 정도에는 일어나 출근 준비를 해야 한다. 부리나케 준비하고 집 밖을 나서서 회사에 도착하기까지 짧게는 30분, 길게는 1시간이 훌쩍 넘는 긴 시간이 소요된다. 9시부터 하루 종일 일하고 종종 야근도 한다. 6시에 정시 퇴근을 한다고 해도 그다지 여유롭지 못하다. 집에 도착해서 저녁 먹고, 씻고, 뭐 좀 하려고 하면 밤 9시가 훌쩍 넘어 있다. 다음 날 다시 이른 아침에 일어나려면 한두 시간 뒤에는 잠을 자야 한다. 뭘 할 수 있는 시간이 거의 없다. 일과 시간에도 마찬가지다. 빡빡한 하루의 작은 틈새마다 스마트폰을 들여다보느라 정신이 없다. 카카오톡 메시지가 쉴 새 없이 날아들고, 이메일, SNS, 네이버뉴스, 호갱노노, 증권사 애플리케이션 등 봐야 할 것들이 한가득이다. 당신은 오늘도 너무 바빴다. 언제나처럼 오늘도 역시 스스로에 대해 생각할 시간 같은 건 없었다. 그렇게 지내온 결과, 당신은 자신에 대해 잘 모른다. 자신이 진짜 무엇을 원하는지조차 모르기 때문에 목표를 명확하게 설정조차 할 수 없는 상태에 이르렀다.

이와 관련해 아끼는 후배와 대화를 나눈 적이 있다. 후배 역시 매일 이토록 바쁘게 살아가고 있었다.

나: <u>원하는 삶이 뭐야?</u> → 사실 이 질문에 제대로 대답할 수 있는 사람은 '극소수'에 불과하다.

후배: 원하는 삶…. 질문이 좀 추상적이에요.

나: 네가 정말 원하는 삶. '이렇게 살면 진짜 행복할 것 같다' 하는 너만의 그림이 있지 않아?

후배: 음, 저는 경제적으로 좀 여유 있게 살 수 있으면 좋겠어요. → '돈 걱정 안 하고 살고 싶다' 정도가 내가 가장 많이 들어본 대답이다.

나: 그래서 정말 소수의 사람들만 원하는 삶을 살고, 부자가 되는 거야. 그 이유 때문에 말이야.

후배: 네? 무슨 뜻이에요?

나: 너는 네가 진짜로 뭘 원하는지 잘 모르잖아. 그런데 사실 대부분의 사람들이 그렇거든. 자신이 뭘 원하는지 모르는데 어떻게 달성하겠어.

후배: 저는 방금 말씀드렸는데요? 경제적으로 여유 있게 살고 싶다고요.

나: 그건 너무 애매하고 막연해서, 사실 아무 말도 안 한 거랑 똑같아. 그럼 이렇게 생각해보자. 돈이 어느 정도 있으면 네가 원하는 그 여유로운 삶을 살 수 있을 것 같아?

후배: 지금 연봉의 두세 배 정도는 받아야 할 것 같아요. 그리고 집도 한 채 있어야겠죠.

나: 구체적으로 어떤 집인지 생각해봤어?

후배: 구체적으로 생각해본 적은 없는데… 아파트를 사야죠.

나: 그럼 시골에 있는 방 한 칸짜리 오래된 아파트여도 괜찮아?

후배: (웃음) 에이, 그건 아니죠. 음…. 서울이나 경기도, 그러니까 수도권에…. 방은 최소 세 개 이상 있는 30평대 이상의 아파트면 좋겠어요. 그것도 이왕이면 지은 지 얼마 안 된 신축으로요.

나: 좋아, 점점 명확해지고 있어. 그럼 아까 네가 말한 것처럼 지금 연봉의 두세 배를 받으면 그 아파트를 살 수 있는 거야?

후배: 아, 집 사려면 두 배가 아니라 한 스무 배 정도는 받아야 할 것 같은데요.

나: 그런데 왜 아까는 지금 받는 연봉의 두세 배면 경제적으로 여유롭게 살 수 있을 것 같다고 말했던 거야?

후배: 솔직히 말해서 이렇게까지 구체적으로 생각해본 적은 없었거든요.

나: 이제 내가 처음에 했던 말이 무슨 뜻인지 알겠지? 부자가 되면 좋겠다는 사람은 많은데, 정작 자기가 원하는 게 무엇인지 구체적으로 생각해본 사람은 거의 없어.

자신이 진짜 원하는 목표는 어떻게 찾을 수 있을까? 먼저 자신의 생각보다 훨씬 더 구체적으로 고민해봐야 한다. '아니, 이 정도까지 생각해야 하나?' 싶을 정도로 구체적이어야 한다. 집을 사고 싶다면 아파트인지, 빌라인지, 단독주택인지, 타운하우스인지 떠올려보고, 만약 아파트라면 어느 도시에 있는 몇 평대 아파트를 어느 시점까지 매수할 것인지 아주 자세하게 정해야 한다. 좋은 차를 사는 것이 목표라면 '언젠가 좋은 차 한번 타야지' 하는 식으로 뭉뚱그려 생각해선 안 된다. 일단 '탄다'라는 표현 자체가 옳지 못하다. 내가 소유한 차가 아니어도 옆 자리에 동승하면 차를 '타는' 것이고, 제주도 여행에서 렌트카를 몰아도 차를 '타는' 것이 아닌가. '산다'라는 명확한 표현을 써야 한다. '나중에'라는 말도 안 된다. 50년 후도 '나중'이다. 1년 후인지, 5년 후인지 명확한 시점을 스스로 정하라. 마지막으로 '좋은 자동차'가 아니라 특정 브랜드의 어떤 모델인지, 어떤 색상으로 할 것인지까지 구체적으로 정해야 한다.

왜 목표는 최대한 구체적이어야 할까? 이에 대해『내가 만난 1%의 사람들』(씽크뱅크, 2023)의 저자 아담 J. 잭슨은 여행을 예로 들어 설명한다. 여행자가 여행을 떠났는데 목적지가 없다면 어디에 도착하겠느냐는 것이다. 애초에 목적지는 없었으니 여행자가 어느 순간, 어떻게 느끼느냐에 따라 목적지가 달라질 것이라고 잭슨은 말한다. 출발 전에 목적지를 정해야 한다. 그래야 그곳에 도착하기 때문이다. 그는 삶이 여행과 같으며, 가고자 하는 곳을 안다면 그곳에 도착할 가능성이 크다고 강조한다.

물론 처음부터 자신이 원하는 삶을 구체적이고 명확하게 알기란 쉽지 않다. 그럴 땐 스스로 검증해보라. '이게 진짜 내가 원하는 삶인지' 확실하게 검증해볼 수 있는 2가지 방법이 있다.

첫째, 원하는 것을 이루고 그 일상을 누리는 당신의 모습을 상상했을 때 가슴이 설레는지 점검해보라. 상상만으로도 너무 좋고, 미치도록 설레고, 자기도 모르게 입가에 미소가 번진다면 '진짜 목표'가 맞다. 그런데 특별히 그런 감정이 들지 않는다면 정말 원하는 것이 아닐 때가 대부분이다. 설레지 않는 목표가 어떻게 당신을 절실하게 만들고, 어떻게 그런 목표가 당신을 움직일 수 있겠는가?

둘째, 실패라는 개념 자체가 이 세상에 존재하지 않는다고 가정했을 때 무엇을, 어떤 삶을 원하는지 상상해보라. 이 검증 방법은 동시에 2가지를 걸러낼 수 있다. 먼저, 당신이 '셀프 한계'를 설정해서 실패를 두려워하는 것을 막아준다. 그리고 제대로 된(비현실적인) 목표를 세울 수 있게 해준다. 다시 한번 강조하지만 목표는 당신의 생각보다 훨씬 커야 한다. '이 정도면

할 수 있을 것 같은데' 하는 식의 현실적인 목표는 진짜 목표가
아니다. '이 정도면 할 수 있을 것 같은' 가짜 목표를 이뤄낸 스
스로의 모습을 상상해보라. 설레는가? 그렇지 않을 것이다. 실
제로 그 목표를 이룬다 한들 큰 만족감과 성취감을 느낄 수 없
음은 분명하다.

원하는 삶을 알고 싶다면
'가장 싫은 것'부터 찾아내라

목표를 정할 때 한 가지 주의해야 할 점이 있다. '하고 싶은
일'을 찾기 위해서는 '죽어도 이걸 하면서 살기는 싫다' 하는 것
들을 먼저 골라내는 과정이 필요하다는 것이다. 이는 간다 마사
노리가 『비상식적 성공 법칙』에서 제안한 방법이기도 하다.

여기 벤처기업의 대표를 꿈꾸는 직장인 A가 있다. 그는 비
록 회사원으로 살고 있지만 언젠가는 자기만의 사업체를 경영
하고 싶다는 꿈을 마음속 깊은 곳에 항상 품고 있었다. 다니던
회사에서 하는 일마다 줄줄이 좋은 성과를 거두고 있었기에 이
와 관련된 사업을 하면 잘할 수 있겠다고 확신했다. 그는 그렇
게 '나는 스타트업의 대표가 된다'라고 강하게 확신하며 언젠

가 찾아올 '독립'을 간절히 꿈꾸었다. 그리고 몇 년이 지나 마침내 그는 창업을 하게 되었다. 오랜 시간 소원했던 일이 현실이 되자 처음엔 하루하루가 더없이 행복했다. 그런데 시간이 조금씩 지나고 사업이 본격적으로 돌아가기 시작하자 뭔가 미묘하게 삐걱거리고 있음을 알아차렸다. 초반에 잘나가던 사업도 점점 어려워지고 열정마저 조금씩 사그라들었다. 심지어 건강까지 나빠진 A는 정신을 차려보니 행복과는 완전히 동떨어진 삶을 살고 있었다.

'스타트업 대표'라는 원하는 목표를 이루었는데 A는 왜 행복하지 않았을까? 사실 그는 '영업 체질'이 아니었다. 소위 '을'의 위치에서 영업하는 일에 익숙하지 않았던 것이다. 문제는 그가 스스로 영업을 그토록 싫어하는지 미처 깨닫지 못했다는 데 있다. 스타트업 대표의 삶은 이미 '영업'이라는 필수불가결한 일상을 포함하고 있었고, 이제 막 출발하는 소규모 회사가 영업 직원을 여럿 둘 수도 없는 형편이었기에 A는 어쩔 수 없이 계속 영업에 '올인'할 수밖에 없었다. 그는 매번 엄청난 스트레스를 받아가며 영업을 했고, 원래는 곧잘 해내던 업무들까지도 제대로 즐길 수 없는 지경에 이르렀다. 대표로서 막중한 책임감을 가지고 자신의 모든 시간을 쏟아부었지만 회사 실적은 점점 나빠졌고, 그러는 사이 가족과도 멀어졌다.

A의 문제는 아주 명확하다. 그는 자신이 무엇을 원하는지 제대로 알지 못했다. 원한다고 생각했지만 사실 그건 '진짜 목표'가 아니었다. 이렇게 결정적인 착각에 빠진 이유는 무엇일까? 스타트업 대표가 되겠다는 목표 자체는 A가 원하는 것이 맞았다. 다만 원하는 것 중에 원치 않는 것이 섞여 있었다는 사실을 눈치채지 못한 것이다. 그리고 바로 이 지점에서 전부 틀어져버렸다. 목표를 잘못 설정하면, 그러니까 가짜 목표를 진짜 목표로 착각하면 이렇게 최악의 상황을 맞이할 수도 있다. 무엇보다 A는 진정으로 원하는 삶이 무엇인지 알지 못했다. 그이유는 역설적이게도 '진정으로 원하지 않는 삶'에 대해 생각해본 적이 없기 때문이다. *사람은 하고 싶은 걸 잘 모를 때에도, 하기 싫은 것은 명확히 알고 있는 경우가 대부분이다.*

간절히 원하는 삶이 무엇인지 알려면, 일단 간절히 원하지 않는 일이 무엇인지 제대로 알아야 한다. 언뜻 그럴듯해 보이는 인생 같아도 그런 인생을 살기 위해서 '죽어도 하기 싫은 일'을 해야만 한다면 절대로 목표로 삼아서는 안 된다.

내 주위에도 이 같은 실제 사례가 있다. 편의상 B로 칭하겠다. B 역시 직장인이었다. 그는 직장 생활을 또래보다 비교적 일찍 시작했다. 나와는 달리 착실히 재테크 공부를 했으며 현명한 투자를 꾸준하게 잘 이어갔다. B의 삶의 목표는 '파이어족'이었다. 경제적 자유를 이루고 남들보다 일찍 퇴직하는 삶을 꿈꿔왔다. 그리고 마침내 실제로 그 목표를 이뤄냈다. 30대 후반의 나이에 월급을 받지 않고도 충분히 살아갈 수 있는 경제적 여건을 마련하고, 그는 미련 없이 사표를 던졌다. 처음 몇 달간은 정말 너무 행복했다. 평일에 출근하지 않아도 되고, 하기 싫은 일을 하지 않아도 된다는 사실에 더없이 고무되었다. 바쁜 회사 일로 인해 번번이 포기해야만 했던 가족여행도 해외로 두 번이나 다녀왔다. 그런데 딱 여기까지만 '해피 엔딩'이었다.

퇴사 후 몇 달이 지나자 B는 조금씩 무기력해졌다. 스스로 정체성을 잃은 듯한 느낌에 우울감마저 몰려왔고, 출근을 하지 않는 탓에 밤낮이 바뀌면서 건강까지 나빠졌다. 도대체 무엇이 문제였을까? '파이어족'이 되겠다는 B의 목표에는 '파이어족 이후의 삶'이 빠져 있었다. 파이어족이라는 삶의 형태로 살아가기 위해서는 조기 퇴직을 한 뒤 무엇을 하며 살아갈 것인지에 대한 목표가 있어야 했다. 게다가 그는 자신이 '죽어도 하기 싫은' 일이 무엇인지 제대로 알지 못했다. 사실 그는 매일 출근해서 사람을 만나고, 동료들로부터 인정받는 데서 성취감을 느끼고 자신의 존재감을 확인하는 성격의 사람이었다. 그런데 퇴직 후 별다른 계획 없이 집에만 있자니 견딜 수가 없었던 것이다. 결국 그는 '파이어족'을 선언한 지 겨우 9개월 만에 다른 직장으로 재취업을 했다.

반드시 기억하라. 목표를 정하는 단계에서 일단 '죽어도 하기 싫은 것'들을 걸러내야 한다. 복잡하게 생각하지 말고 노트를 펼쳐라. 이를 당신만이 볼 수 있는 일종의 '데스 노트'라고 생각하고, 거기에 내가 싫어하는 것들을 아주 직설적으로 적어보자. 당신이 무엇을 하며 어떻게 살아가고 싶은지 훨씬 쉽고 명확하게 찾아낼 수 있을 것이다. 물론 싫어하는 일을 무조건 다 하지 말라는 말은 아니다. 목표를 이루는 과정에서는 하기 싫은 일도 마주하기 마련이다. 다만, '내가 죽어도 하기 싫은 것'이 무엇인지 생각해보지도 않고, 설레는 목표만 떠올리며 진짜로 원한다고 착각하지 말라는 뜻이다.

목표가 명확한 사람은
속도부터 다르다

"꼭 목표가 있어야 하나요?"라고 반문하는 사람들이 있다. 이들은 목표나 간절히 원하는 삶 같은 것이 없어도 행복하다고 말한다. 나 또한 '목표는 무조건 있어야 하고, 목표가 없는 삶은 무의미하며 실패한 인생'이라고 생각하지 않는다. 진심이다. 다만, 목표가 있는 사람은 그렇지 않은 이들에 비해 엄청나게 빠른 속도로 삶의 모습이 바뀐다. 무의식이라는 내비게이션에 정확한 '목표'가 입력되어 있다면, 무의식은 그 목적지로 향하는 '최단거리'로 당신을 움직이게 만들기 때문이다.

"자기 스스로 깔아놓은 레일을 달리는 사람과 다른 사람이 깔아놓은, 어디로 가는지 모르는 레일을 달리는 사람은 인생의 속도가 확연히 다르다."

『비상식적 성공 법칙』의 저자 간다 마사노리의 말이다. 지금 당신은 어떤 레일 위를 달리고 있는가.

상상만으로 현실이
바뀌는 이유

인사 팀장으로 근무하던 시절부터 나는 도움을 요청해오는 많은 이들과 트위터로 꾸준히 소통해왔다. 유튜브를 시작한 뒤로는 내가 받은 질문들에 대한 생각을 영상으로 만들어 올리곤 하는데, 영상에서 내가 입버릇처럼 자주 했던 말이 있다.

"원하는 것을 이루려면 일단 자기 자신을 알아야 합니다. 그걸 위해 자신과 대화를 해야 하고요. 그리고 그 과정을 통해 여러분이 진짜 무엇을 원하는지 알아차렸다면, 이제 그걸 상상해보세요. 무의식은 그렇게 바꾸는 겁니다."

"원하는 삶을 이루기 위해서는 무의식을 바꾸어야 한다"라는 말은 단순히 나의 감感이나 혼자만의 경험에서 비롯된 주장이 아니다. 나는 수천 권의 책을 읽으며 19세기에 살았던 월리스 와틀스, 나폴레온 힐, 조셉 머피부터 20세기의 네빌 고다드, 얼 나이팅게일, 밥 프록터 그리고 동시대의 토니 로빈스, 존 아사라프, 존 소포릭, 그랜트 카돈에 이르기까지, 부와 성공을 거머쥔 저명한 저자들이 입을 모아 '상상'의 중요성을 강조한다는 사실을 눈치챘다. 그뿐만이 아니다. '뇌 스캔' 실험 등 객관적인 데이터를 기반으로 연구하는 수많은 과학자 역시 똑같은 말을 한다. 그러나 내가 이렇게 말하면 다음과 같은 답변이 돌아오는 일이 부지기수다.

"에이, 그러지 말고 구체적으로 어떻게 했는지 말씀해주실 수 있나요?"

상상이 만들어낸
내 주위 사람들의 기적

'상상'의 중요성을 구체적인 예시로 설명해보겠다. 뇌 과학자 조 디스펜자 박사의 실제 경험담이다. 그는 20대의 나이에 자전거를 타다가 끔찍한 교통사고를 당해 척추가 전부 골절(다발성척추압박골절)되었다. 담당 의사는 척추에 철심을 여러 군데 박는 수술을 하지 않으면 평생 걸을 수 없다고 진단했지만, 그는 이를 거부했다. 그는 평생 걷지 못하게 되었을까? 아니다. 8주가 지났을 때, 그는 기어다닐 수 있게 되었고, 정확히 두 달 반 만에 온전히 스스로의 힘으로 걸었다. 캘리포니아에서 가장 뛰어난 의사 중 한 명이었던 담당 의사는 믿을 수 없다며 망연자실했다.

어떻게 이런 일이 가능했을까? 그는 걸을 수 없다는 진단을 받고 집에 돌아온 뒤부터 계속 '상상'했다. 완벽하게 회복하여 두 발로 자연스럽게 걸어 다니는 자신의 모습을 상상한 것이다. 그는 보다 생생하게 상상하기 위해 건강한 척추 사진(엑스레이 사진)을 바라보고 다시 상상하기를 매일 반복했다고 한다. 이렇게 원하는 것을 강하게 떠올리는 시도를 '시각화視覺化, visualization'라고 표현한다. 그는 매일매일 생생한 시각화를 통해 '진짜 기적'을 만들어냈다. 놀랍게도 20년이 지난 지금까지도 조 디스펜자는 등이나 허리에 작은 통증 한 번 느껴본 적 없다고 한다.

이건 비단 조 디스펜자만의 이야기가 아니다. 내가 이 글을 쓰고 있는 지금 이 순간에도 트위터나 인스타그램 DM, 이메

일과 유튜브 댓글 등 정말 다양한 경로를 통해 상상을 현실로 만들어낸 사람들의 경험담을 접하고 있다.

- "매일 새벽 여섯 시 반에 일어나서 제가 원하던 우리나라 최고 대기업에 이미 다니고 있는 제 모습을 상상했어요. 그리고 얼마 전, 진짜 합격했습니다."
- "이게 정말 되네요? 제가 감히 꿈도 못 꾸던 회사에 합격했어요. 이제는 더 큰 목표를 시각화하기 시작했습니다."
- "드디어 회사에 합격했습니다! 사실 탈락이었는데요. 다른 합격자가 오늘 입사를 포기하면서 제게 기회가 생겼어요. 너무나 놀랍고, 기쁘고, 신기하네요! 저에게 무의식의 세계를 알려주셔서 감사합니다."
- "월 150만 원에서 1,500만 원을 달성한 30대 여자입니다. 저의 30대 끝자락에서는 100억대 부자가 될 수 있다는 확신이 생깁니다."
- "시각화, 솔직히 가끔은 하기 싫은 날도 있었지만 멈추지 않고 계속했어요. 폐업 위기였는데 올해 5월 순이익 1억 1,000만 원을 달성했습니다."
- "상상의 힘을 알고 나서 저는 완전히 달라졌습니다. 늘 뭔가 새롭게 해보자고 다짐만 했었는데, 올해 60세인 제가 어

느덧 투자로 6억 원을 벌게 되었어요. 이제는 확신이 생겼

어요." ⌐→ 책에 소개한 이 사례들 외에도 지금까지 받은 '성공 사례'
　　 　　그리고 '감사 인사'가 1천 통이 넘는다.

상상은 과거의 당신이라면 도저히 해낼 수 없을 것 같은 일
을 이루게 한다. 상상의 힘은 이토록 거대하다.

당신 안에 잠든
거인을 깨워라

————

상상을 현실로 바꿀 수 있다는 주장은 필연적으로 사회의
통념과 부딪힐 수밖에 없다. "비이성적이다"라는 말은 기본이
고 "미쳤다"라는 비아냥까지 들을지도 모른다. 그러나 이 모든
과정을 직접 경험한 조 디스펜자 박사는 "내 안에 잠든 거인
(즉, 무의식)을 깨우면 기적이라고 불리는 것들을 얼마든지 이
룰 수 있다"라고 자신 있게 말한다. 비록 아직 깨닫지 못했을
뿐 우리에게는 엄청난 힘이 존재한다는 것이다.

그의 설명에 따르면 우리 몸의 혈관에서는 1초 동안 300만
개의 적혈구가 죽고, 다시 1초 만에 300만 개의 적혈구가 그
자리를 채운다. 또 하나의 세포에서는 1초마다 화학 반응이 무

려 10만 번 일어난다. 매 초마다 계산조차 하기 힘들 정도의 천문학적인 화학 반응이 우리 몸속에서 펼쳐지고 있다. 5분 전에 했던 말도 기억하지 못하고 간단한 계산조차 틀리는 우리에게 더 큰 힘이 있다는 것이다.

그런가 하면 우리 뇌에서는 화학물질을 분비하는데, 이것이 우리의 생각을 현실로 만들어낸다. 당신이 기대감에 차 있거나 즐겁고 긍정적인 상태일 때는 '쾌락 호르몬'이라고 불리는 '도파민'을, 반대로 스트레스를 받거나 우울한 상태가 되면 '신경펩티드'라는 물질을 내보낸다. 이러한 과정을 당신 삶에 적용해보자. 당신이 평소 '나는 쓸모없는 사람이다'라며 부정적인 생각을 한다면 뇌는 그 즉시 자신감을 떨어뜨리는 화학물질을 몸에 전달한다. 그러면 몸은 그 화학물질로 인해 부정적인 느낌을 받고, 그 느낌은 다시 부정적인 생각을 만든다. 이렇게 느낌이 생각을 만들고 생각이 다시 느낌을 만드는 최악의 악순환이 시작된다. 악순환이 한동안 지속되면 당신은 실제로 점점 '쓸모없는 사람의 전형적인 상태'가 되어간다. 어떤가? 상상은 이렇게 현실이 된다.

당신의 머릿속에서 끊임없이 떠오르는 '생각'을 들여다보라. 생각은 누가 만들어주지 않는다. 사람은 스스로 생각을 만들고, 역시 스스로 그 생각을 믿는다. 습관적으로 가난한 생각을 떠올리면서 그것을 믿어버린다면, 당신은 엄청나게 높은 확률로 가난해질 수밖에 없다. 그리고 반대의 경우도 정확히 똑같다.

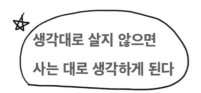

생각대로 살지 않으면
사는 대로 생각하게 된다

조 디스펜자는 그의 저서 『꿈을 이룬 사람들의 뇌』(한언, 2009)에서 상상이 얼마나 엄청난 힘을 지니고 있는지 보여주는 실험 결과를 하나 소개한다. 해당 실험의 연구자들은 실험 대상자를 네 개의 그룹으로 나누고 5일 동안 피아노를 배우게 했다. 그동안 뇌에 어떤 변화가 일어나는지를 추적하는 실험이었다. 각 그룹은 다음과 같이 정해진 역할을 수행했다.

첫 번째 그룹	5일 동안 매일 2시간씩 한 손으로 곡을 치는 연습
두 번째 그룹	아무런 악보나 지시 사항 없이 매일 마음대로 피아노 연습
세 번째 그룹	피아노는 전혀 건드리지 않고 첫 번째 그룹을 관찰하며 상상으로 연습
네 번째 그룹	아무것도 하지 않음

5일 뒤에 뇌의 움직임을 측정한 실험 결과는 놀라웠다. 실제로 피아노를 연습한 첫 번째 그룹과 피아노는 아예 건드리지도 않고 오직 상상으로만 연습한 세 번째 그룹의 뇌 신경망이 거의 비슷하게 변했고, 심지어 뇌의 활성화된 부위는 같은 모습이었다. 반면 자기 마음대로 피아노를 쳤던 두 번째 그룹과 아무 행동도 하지 않은 네 번째 그룹의 뇌에는 아무런 변화가 없었다. 연구진은 '단지 생각하는 것만으로도 뇌는 발달하며, 우리의 뇌는 육체적 노력과 <u>정신적 노력</u>의 차이를 구분하지 못한다'라는 결론을 내렸다. *상상으로 시각화*

그렇다. 생각으로 현실을 바꿀 수 있다. 만약 생각하고 상상하지 않는다면 당신은 그저 사는 대로 생각하게 될 것이다. 그냥 사는 대로 생각하는 삶은 어떤 모습일까? 앞선 실험에서 마음 가는 대로 피아노 건반을 두드렸던 두 번째 그룹 혹은 아무것도 하지 않았던 네 번째 그룹의 모습과 다를 바 없지 않을까. <u>그들의 뇌에서는 그 어떤 변화도 일어나지 않았다.</u>

그냥 사는 대로 생각하면 변화란 없을 것이다.

'상식적으로'
기적은 불가능하다는 사람들에게

———

상식적으로 일어날 수 없는 기이한 일, 이것이 바로 '기적'의 사전적 정의다. 아주 오래전부터 인간은 자신들의 인식 범위에서 이해할 수 없을 때마다 '기적'이라는 단어를 호출해왔다. 그만큼 간단한 방법이 없기 때문이다. 때로는 '신화', '미스터리' 같은 단어를 소환하기도 했다. 그런데 사실 인간은 여전히 알고 있는 영역보다 알지 못하는 영역이 압도적으로 많고, 볼 수 있는 것보다 볼 수 없는 것들이 훨씬 많으며, 인식할 수 있는 것보다 인식할 수 없는 것들이 월등히 많다. 인간은 알고 있고, 볼 수 있고, 인식할 수 있는 그 작은 자신들의 세계를 '상식'이라고 부른다. 그리고 이 범위 밖에 있는 것은 '불가능'하다고 생각한다.

'상상의 힘' 역시 마찬가지다. 상상을 통해 원하는 삶을 현실로 만들 수 있다는 말을 좀처럼 믿지 않으려고 한다. 만약 그런 사람을 발견하면 '그건 예외적인 기적'이라고 치부해버린다. 그러나 상상의 힘을 믿지 않는 사람들이 자신의 인생을 흘려보내고 있는 지금 이 순간에도 수많은 사람이 상상을 통해 '상식적으로 불가능한 그 기적'을 만들어가고 있다.

200년 전 사람들에게 약 300톤의 금속 덩어리가 수백 명의 사람을 태우고 하늘을 날아서 지구 반대편에 간다고 말하면 그들은 그런 일은 불가능하며 상식적이지 않다고 이야기할 것이다. 더 나아가 미친 사람 취급을 당할지도 모른다. 그러나 사람이 하늘을 날 수 있다고 믿었던 누군가의 그 상상이 비행기를 만들어냈다. 심지어 오늘날에는 우주 관광이 가능하다는 것도 상식으로 받아들이며 산다.

당신은 '상식적 현실'에 갇힌 채 살아갈 것인가? 아니면 상상을 통해 꿈꾸는 '바로 그 삶'을 살아갈 것인가? 100% 당신의 선택에 달려 있다. 삶의 모습을 당신이 직접 선택할 수 있다는 말이다.

원하는 삶을 상상하라. 그리고 현실화하라.

내 인생을 '미리 보기' 하면
일어나는 일들

경제적 자유를 이루고 원하던 삶을 살아가는 한 행복한 남자가 있었다. 어느 날, 그의 어린 아들이 집 안 어딘가에 방치되어 있던 먼지 쌓인 아크릴 보드를 가져오더니 물었다. "아빠, 이거 뭐예요?" 그건 그가 젊은 시절, 자신이 원하는 목표와 삶을 상상할 때 매일 보기 위해 사진을 붙여놓았던 '비전 보드'였다. 더는 볼 일이 없어지자 그게 어디 있었는지조차 까맣게 잊고 있었는데, 집 안 어디에선가 아들이 발견해 가져온 것이다.

너무나 오랜만에 비전 보드를 들여다보던 그의 온몸에 갑자기 소름이 돋았다. 도저히 믿을 수 없는 사실을 알아차렸기 때문이다. 그 비전 보드에 여전히 붙어 있는 빛바랜 사진 속 저택이, 지금 그가 실제로 살고 있는 바로 그 집이었던 것이다!

이 이야기는 2000년대 중반 출간 후 전 세계를 휩쓸었던 책 『시크릿』(살림Biz, 2007)의 주인공인 존 아사라프의 실제 이야기이다. (참고로 『시크릿』의 저자는 론다 번이며, 존 아사라프는 이 책의 주인공이자 공동 저자 수준으로 참여한 핵심 인물이다.) 내가 존 아사라프의 사례를 말하면 사람들의 반응은 크게 2가지로 나뉜다. 전자는 "진짜? 와, 신기하다!"라고 놀라워하다가, 약 5초 뒤에 언제 그랬냐는 듯 바로 일상으로 돌아가는 이들이다. 후자는 '어쨌든 나와는 아무 상관없는 이야기'라며 자기 자신과 명확히 선을 긋는 이들이다. 그들의 논리는 이렇다. 벼락 맞을 확률보다 더 희박하다는 로또도 매주 1등 당첨자가 나오는데, 세상에 존 아사라프처럼 상상을 현실로 이룬 사람 한두 명쯤 없겠느냐는 반응이다. 그러나 자신의 삶을 바꾸고 싶은 사람이라면, 사실 이런 반응이 나와야 한다.

"그 사람 이름이 뭐라고 했지? 존 아사라프? 나도 그 사람처럼 되고 싶다. 그 사람, 구체적으로 어떻게 했대? 나도 한번 해봐야겠다. 비전 보드? 그거 어떻게 만들면 되는 건데?"

당신도 이런 궁금증을 갖기를 간절히 바란다.

상상은 뇌를
어떻게 바꾸는가

상상이 눈앞에 현실이 되어 펼쳐지도록 만드는 일은 사실 전혀 놀랍지 않다. 다른 이들에 비해 유독 상상하는 능력이 좋은 사람이 따로 있는 것도 아니다. 확실히 말해두겠다. 그런 건 없다. 존 아사라프는 그의 저서 『부의 해답』(알에이치코리아, 2022)에서 상상하면 원하는 삶이 이루어지는 이유를 우리 뇌의 '신경 가소성neuroplasticity' 때문이라고 설명한다. 존 아사라프뿐만 아니라 조 디스펜자를 비롯한 많은 뇌 과학자들 역시 신경 가소성의 중요성을 일관되게 강조한다.

아마 20년 전에 신경과학을 공부한 사람이라면 '뇌는 태어날 때 부모로부터 물려받은 유전적 특질을 지니고 있으며, 성인이 되는 스무 살 무렵 이후로는 나이가 들어가며 점차 기능이 쇠퇴해간다'라고 알고 있을 것이다. 그러나 신경과학 연구가 점차 발전하며 새롭게 밝혀진 매우 중요한 사실이 하나 있다. 바로 '나이와 상관없이' 우리 뇌는 변한다는 것이다. 그러니까 당신이 20대든 70대든 상관없이 뇌의 능력을 얼마든지 변화시킬 수 있다는 말이다. 이를 뇌의 '신경 가소성' 현상이라고 부른다. 후속 연구가 활발히 진행되면서 신경 가소성은 오늘날 정설로 자리 잡았으며, 지금도 그 과학적 증거들은 계속 쌓여가고 있다.

뇌의 신경 가소성이란 쉽게 말해 '뇌가 스스로' 신경 회로를 바꾸는 능력을 말한다. 즉, 뇌는 자기 스스로 배선을 새롭게 구축할 수 있다는 것이다. 바로 이 신경 가소성으로 인해 나이와 상관없이 언제든 새로운 뇌세포가 만들어지고, 새로운 신경 접속이 일어난다. 신경 가소성에 따르면 우리 뇌는 죽을 때까지 재구성된다. 이것이 의미하는 바는 무엇일까? 긍정적 혹은 부정적인 방향, 그 어느 쪽으로든 '한계가 없다'는 것을 말해주는 강력한 증거다. 『부의 해답』에는 이에 대한 영국 리버풀대학교 바네사 슬러밍 박사의 발언이 실려 있다. 그는 우리가 일상에서 하는 일은 뇌의 기능에 영향을 미칠 뿐 아니라 뇌의 구조까지도 바꿀 수 있다고 강조했다.

이 개념이 조금 복잡해 보일 수 있다. 이 개념이 어떻게 상상을 현실로 만들어내는지 예를 들어보겠다. 아주 간단한 사례로 1992년 아이오와대학교에서 실시한 실험 결과를 들 수 있다. 참가자들에게 실제 운동은 전혀 하지 않고 '손가락 근력 운동을 하는 상상'만 반복하게 한 결과, 놀랍게도 실제로 손가락의 근력이 향상된 것이다. 더욱 구체적인 사례도 있다. 여기 하루 딱 5분, 매일 원하는 삶을 '시각화'한 사람이 있다. 그는 날마다 조용한 곳에서 눈을 감고 목표를 이룬 자신의 모습을 굉장히 구체적으로 상상한다. 원하는 것을 이루었을 때 느껴지는 기분을 생생하게 알기 위해서다. 이때 자신이 목표를 이루는 과정에서 벌어질 일들까지도 최대한 구체적으로 상상한다. 그가 이렇게 수천 번 자신의 인생을 '리허설'해보는 동안 그의 뇌에서는 무슨 일이 일어나고 있을까? 목표를 이루었다는 기쁜 감정을 느끼는 순간, 뇌의 신경 세포들의 연결망이 재배열된다. 그의 상상이 계속 반복될수록 새롭게 구축된 연결망들은 점점 더 강화되고, 궁극적으로 뇌 속 신경 회로 자체가 변하기 시작한다. → 실제로 전자현미경으로 관찰하면, 뉴런들이 뻗어 나와 서로 손을 맞잡는 것처럼 '연결'이 되는 것을 볼 수 있다.

이것이 무엇을 의미하는지 알겠는가. 상상만으로도 그는 실제로 목표를 이룬 사람과 정확히 똑같은, 이른바 '뇌 구조'를 갖추게 되었다는 것이다. 그리고 이는 그가 이미 성공을 해본 사람이 되었음을 의미한다. 이제 그의 무의식은 이미 해봐서 익숙한 그 목표로 그를 데려갈 것이다. 실제로 목표를 이루는 과정에서 수많은 어려움이 닥치더라도, 신경 가소성의 엄청난 위력 덕분에 흔들리지 않을 가능성이 크다. 한 번도 가본 적 없는 곳을 찾아가기는 낯설고 힘들지만, 일단 한 번 '가봤던' 곳을 가는 일은 크게 어렵지 않기 때문이다.

무엇보다도 상상을 통해 새롭게 변화한 뇌는 포기를 할 수가 없게 되어 있다. 이미 한 번 가본 곳을 가는 일을 낯설고 두렵다며 포기하지 않는 것과 같은 원리다. 그리고 당신의 뇌가 포기하지 않는다는 말은 곧 당신도 포기할 수 없음을 의미한다.

간절히 원하는 게 있다면
간단한 이 '습관' 하나만 장착하라

나는 10여 년 전, 서른 살의 나이로 '서류 광탈'을 내리 겪던 '취준생' 시절부터 상상의 위력을 본격적으로 깨달았다.

그때 내가 원하는 것들을 상상했던 이유는 단 하나였다. 가진 게 정말 아무것도 없어서 할 수 있는 일이 상상밖에 없었다. 그래서 더 간절했다. 단 하루도 거르지 않고 계속해서 상상했고, 이왕이면 최대한 구체적인 장면을 떠올리려고 했다. 얼마나 구체적이었는지 글로 표현하면 이러하다.

'입사하고 이제 2개월이 지났는데…. 음, 나는 팀 막내여서 내 자리는 우리 팀 맨 끝에 있어. 복사기가 가까워서 가끔 시끄러울 때도 있긴 한데 거슬리진 않아. 팀장님은 생각보다 훨씬 더 좋은 분이라 정말 다행이야. 사무실 창문이 통유리로 되어 있어서 개방감 있고 세련된 느낌이라 마음에 들어. 특이하게 사무실이 계단식 구조로 되어 있는 것도 괜찮아. 아! 오늘 오전에 팀 회의를 하는데 분위기가 정말 좋았어. 팀 선배 두 명이 농담을 하며 회의 분위기를 딱딱하지 않게 이끌어준 게 한몫했던 것 같아. 점심시간에 구내식당을 가는데, 팀원들이 나를 놀리면서 다들 크게 웃었거든. 나는 전혀 개의치 않고 태연한 척했지. 오후엔 생각보다 바빠서 모니터를 몇 시간 계속 보고 있었더니 눈이 조금 아프더라. 그래도 전체적으로 오늘 하루는 진짜 감사했고, 행복했다.' → 시각화를 할 때 마지막은 항상 '감사하기'로 마무리하는 것이 나만의 비법이기도 하다.

서류 전형 합격 후부터 이렇게 매일 시각화를 했다. 물론 상상 속에서 보는 장면은 날마다 조금씩 달라지긴 했지만 큰 틀에서는 비슷했다. 어느덧 한 달이라는 시간이 흘러 면접 전형을 보기 위해 회사를 처음으로 찾아가는 날이었다. 입구 자동문에 회사 로고가 보이는 바로 그 순간, 갑자기 반갑고 친근한 느낌이 들면서 마음속으로 편안함을 느꼈던 기억이 난다. 그런데 좀 이상하지 않은가? 면접 보기 30분 전에 이런 감정이 들다니, '상식적'으로 말이 되지 않는다. 실제로 입가에 미소가 지어졌었다. 다들 긴장한 표정이 역력한 그 면접장에서 혼자 편안함을 느낀 이유는 하나다. 이미 나의 상상 속에서 그곳은 '다닌 지 꽤 오래된 회사'였기 때문이다. 농담처럼 들릴지 모르겠지만 정말로 그랬다. 그렇게 '평범한 스펙'의 나는 수백 대 일의 경쟁률을 뚫고 공채 시험에 합격

했다. 나중에 온라인 취업 커뮤니티의 후기를 찾아보니, 면접관 13명에 면접자 1명이라는 정말 유례를 찾아보기 힘들었던 압박 면접에 대한 불만을 토로한 글들이 굉장히 많음을 확인할 수 있었다. 물론 나는 현장에서 그런 느낌을 받지 못했을뿐더러, 마치 무엇에 홀린 듯이 편안하게 면접을 봤을 뿐이다.

상상으로 자신이 원하는 삶을 시각화하는 방법은 전혀 어렵지 않다. 취업준비생 시절의 나도 해냈으니 당신도 언제든 할 수 있다.

"시각화를 도대체 어떻게 얼마나 하면 되는데요?"

많은 이들이 묻는데, 이것만 기억하면 된다. 당신이 원하는 스스로의 모습을 최대한 구체적으로 떠올려라. 30분, 1시간씩 '각 잡고' 할 필요도 없다. 그저 하루에 5분에서 10분이면 충분하다. 조용한 곳에서, 가만히 눈을 감고 목표를 이룬 자신의 모습을 상상해보라. 목표를 이루었을 때의 가슴에 '벅차오르는' 감정을 반드시 느껴야 한다. 바로 그 감정을 느끼기 위해 시각화를 한다. 이 감정을 정말로 생생히 느낀다면 (물론 지속적으로 하면 더 좋겠지만) 사실 더 이상 시각화를 할 필요도 없다. 생생히 그 감정을 느낀 순간, 뇌의 신경 가소성으로 인해 당신은 이미 그 목표를 실제로 한 번 이룬 사람과 '똑같은' 상태가 되었기 때문이다. 반대로 시각화를 몇 달, 몇 년째 계속했더라도 이 감정을 느끼지 못했다면, 원하는 목표를 현실로 만들기는 어렵다.

<u>나는 이 감정을 느끼기 위해서라도 하루 중 '기분 좋은 순간'에 시각화를 한다.</u> 매일 저녁, 아이를 재우면서 내가 원하는 모습을 100번씩 작은 소리로 중얼거리거나 눈을 감고 시각화 _시각화를 할 때 나만의 또 다른 '노하우'다._ 를 했다. 사랑하는 아이를 재우는 조용한 시간에 시각화가 훨씬 더 잘될 뿐만 아니라 원하는 목표를 이루었을 때의 벅찬 감정이 보다 생생하게 느껴졌기 때문이다. 이처럼 기분이 좋을 때 시각화를 하라. 기분이 좋다는 말은 당신이 '매우 질이 좋은 에너지 상태'에 있음을 의미한다. 좋은 에너지일 때의 상상은 똑같은 수준의 '좋은 에너지를 지닌 좋은 결과'를 끌어당기게 마련이다.

언제 가장 기분이 좋은가? 별다른 이유도 없이 그냥 날이 너무 좋아 회사에 오후 '반차'를 낸 그 순간인가? 좋아하는 음악을 잔잔하게 틀어놓은 주말 오후, 침대에 누워서 잠이 올 듯 말 듯한 바로 그 순간인가? 아니면 모두가 잠들고 혼자 깨어 있는 고요한 새벽인가? 또한 어떤 곳에 있을 때 당신의 기분이 가장 좋은지도 떠올려보라. 평소 좋아하는 한적한 집 앞 카페여도 좋고, 이른 아침 혹은 저녁 시간의 공원 산책로여도 좋다. 그곳이 그냥 당신 집이나 방이어도 얼마든지 좋다.

원하는 시간에, 원하는 곳에서, 원하는 미래를 상상하면 된다.

상상을 통해 얻어낸 당신의 긍정적인 감정은 당신의 태도를, 태도는 습관을, 습관은 무의식을 형성한다.

물론 처음부터 잘되기는 매우 어렵다. 별별 생각이 다 떠오르며 시각화를 방해할 것이기 때문이다. 이는 당연하고 자연스러운 현상이니, 괜히 집중력을 탓할 필요는 전혀 없다. 시각화가 아니라 그 무엇이든 원래 처음에는 다 잘되지 않는다. 수월하지 않더라도 하루에 3분, 5분이라도 '매일' 시각화를 하는 습관이 중요하다. 이를 습관으로 만들어놓기만 하면, 어느 순간부터는 시각화를 하지 않고 지나가는 날이 왠지 모르게 불편하고 어색해질 것이다. 시각화를 하지 않았을 때의 불편함, 바로 이것이 당신이 생각한 방향으로 바뀌어가고 있다는 명확한 증거다.

당신의 첫 번째 시각화는 잘 안 될 것이다.
당신의 첫 번째 보고서는 별로일 것이다.
당신의 첫 번째 시도는 정말 별로일 것이다.
당신이 처음으로 하는 모든 것들은 아마 그저 그럴 것이다.
그런데, 당신이 100번째에 성공하려면
그 첫 번째는 당연히 있어야 하지 않은가.

당신만 볼 수 있는 세상에서
스스로의 조물주가 되어라

상상으로 시각화하는 행위의 압도적인 장점이 하나 더 있다. '나만 볼 수 있다'는 것이다. 생각해보면 이 세상에서 나만 볼 수 있는 것이란 거의 존재하지 않는다. 세계 최고 수준의 보안 시설을 갖추었다는 FBI, CIA, 각국의 핵 시설에도 근무하는 직원들은 많다. 미국 네바다주 사막 한가운데 위치한 1급 군사 기지인 51구역, 그야말로 '미친 수준'의 기밀을 유지한다는 이곳에도 마찬가지로 일하는 이들은 많다. 그런가 하면 최첨단 보안을 자랑하는 최신 IT 기기라 할지라도 언제든 해킹당할 우려가 있다. 그런데 당신의 상상은 어떠한가? 상상이라는 당신의 세계는 그 누구도 들여다볼 수 없을뿐더러 훔칠 수도, 해킹할 수도 없다.

100% 당신만 볼 수 있는 그 세계에서, 당신은 앞으로 펼쳐질 스스로의 현실을 설계하는 자기 인생의 조물주다. 당신이 무엇을 심든 풍성하게 자랄 것이다. 당신은 그 세계에 무엇을 심고 싶은가? 지금 이 순간부터 무엇을 상상할 것인가?

부를 끌어당기는
확실하고 구체적인 방법

"와, 네가 말한 대로 진짜 다 이루어졌네? 정말 신기하다, 신기해."

언젠가 친한 지인과 대화를 나누었는데, 내 이야기를 한참 듣던 그가 놀라워하며 이렇게 말했다. 내가 원하는 만큼의 경제적 자유를 이루고 마침내 파이어족이 된 경험, 단기간에 유튜브 '실버 버튼'을 받게 된 이야기들(심지어 목표로 했던 시간보다 훨씬 더 일찍 이루어졌다)이 굉장히 신기하면서도 '충격적'이라는 말을 덧붙였다. 그때 나는 이런 생각이 들었다.

> 실제로 나는 상상이 '현실화' 되는 순간이 와도 별다른 감흥이 없다.
> 이미 수백, 수천 번 겪어봤으니까.

'이미 한 번 해본 것들이어서 그저 다시 한 것뿐인데.'

여러 번 강조하지만, 무의식이라는 내비게이션에 '목표'라는 목적지를 아주 여러 번 입력하여 확실히 각인시켜야 한다. '리미트'가 걸려 있는 소프트웨어가 지금의 당신이라는 '결과 값'을 만들어냈으니, 이를 지우고 새로운 소프트웨어를 설치할 차례다. 그 소프트웨어를 설치하는 방법은 오로지 '반복'뿐이다.

성공 '자동화' 과정 1:
매일 100번씩 소리 내어 말하라

지금부터는 어떻게 무의식에 새로운 소프트웨어를 설치할 수 있는지, 그 구체적인 실행 방법을 낱낱이 '인수분해'를 해보겠다. 크게 4가지 방법이 있는데, 이 중 3가지를 먼저 소개한다.

첫 번째 방법은 '자신이 원하는 삶을 한 문장으로 만들어서 소리 내어 말하기'이다. 구체적인 행동 지침을 알아보기 전에 먼저 이것을 도대체 왜 하는지 그리고 왜 중요한지를 살펴보자. 무슨 일을 하든지 '이유'부터 알아야 한다. 왜 하는지도 모르고 그냥 하는 것만큼 허무한 일은 없다. 에너지는 에너지대로 소모하는데, '하는 이유'를 모르니 동기 부여가 되지 않고,

동기 부여가 되지 않으니 점차 지쳐서 결국 포기하게 되기 때문이다. 당연히 효과도 없다. 이와 반대로, 이걸 왜 하는지, 왜 중요한지를 알면 동기 부여가 되니 매일 같은 행위를 반복하더라도 지치지 않고 계속할 수 있다. 또한 에너지를 소모하지 않을 뿐만 아니라 오히려 에너지를 얻게 된다.

왜 자신이 원하는 삶을 한 문장으로 만들어서 소리 내어 말해야 할까? 그것이 왜 중요할까? 그래야 성공할 수 있기 때문이다. 여기서 성공이란 뭘까? 각자가 생각하는 성공의 정의는 제각각이다. 사전적 의미를 보면 '목적하는 바를 이룸'이다. 그렇다. 당신이 원하는 것을 이루려면 그걸 해야 하는 것이다. 성공이라는 엄청난 보상을 얻는 데 비하면 시도하기가 그리 어렵지도 않다. 한 문장을 100번씩 읽는 데는 하루 15분 안팎의 시

→ 이것을 항상 기억하기 바란다.

간이면 충분하다. 너무 바빠서 혼자 있는 시간을 단 15분도 확보하기 어렵다고? 화장실이라도 가라. 충분히 가능하다. 이렇게 매일 100번씩 말하기를 '달성'하면, 당신은 그날 최소 하나의 일에 성공한 것이나 다름없다. 매일 최소 한 번은 성공하는 삶을 살 수 있다는 말이다. 거창하고 대단한 일을 해야지만 성공이 아니다. 성공은 '목적하는 바를 이루는 것'이니, '하루에 목표를 100번 말하기'라는 목표 달성 역시 위대한 성공이다.

많은 이들이 '성공'이라는 단어를 잊은 채 산다. 위대한 일

을 위대하게 성공시킬 수 있는 기회는 인생에서 손에 꼽을 만큼 드물게 찾아오기 때문이다. 그런데 한 번의 성공은 또 다른 성공을 부른다. 성공도 해본 사람이 더 잘하는 이유다. 하찮게 느껴지는 일을 위대하게 하라. 물론 원하는 삶을 100번씩 말하는 일은 절대로 하찮지 않다. 이를 매일 해낸다면 그야말로 위대한 성공을 한 것이라고 강조하고 싶다. 이렇게 매일 최소 하나 이상의 성공을 이루면, 당신의 무의식에는 '아, 나는 성공을 계속 해내는 사람이구나' 하는 생각이 점차 각인된다. 이는 일종의 '바람직한 세뇌'이며, 무의식에 새로운 소프트웨어를 구성하는 코딩 한 줄을 추가하는 작업이다.

결정적으로 이 행위를 통해 당신은 자연스레 좋은 '습관'을 형성할 수 있다. 습관이란 무엇인가? 별다른 에너지를 쓰지 않고도 자동적으로 되풀이함을 뜻한다. 이것이 가능한 이유는 무의식에 어떠한 행위가 '각인'되어 '자동화'되었기 때문이다. 당신은 이런 식으로 성공을 '자동화'할 수 있다. 또한 당연하게도 당신이 100번씩 말하는 문장의 내용 역시 새로운 소프트웨어를 만드는 한 줄의 코딩으로 추가된다. 이것이 고의적으로 애쓰거나 힘들지 않고 '습관적으로' 성공하는 사람이 되는 가장 기본적인 방법이다.

나는 지금도 매일 하루에 딱 100번씩 소리 내어 목표를 말한다. 주로 혼자 있을 때 하는 편이지만 여의치 않을 땐 작게 중얼거리거나 그냥 속으로 말한다. 정말 몇 년째, 단 하루도 빠짐없이 이를 실행하고 있다. 심지어 아내가 산부인과에서 진통할 때조차 아내 손을 잡고 속으로 목표를 읊었다. 처음에는 손가락으로 100번을 세면서 말했는데, 은근히 번거로운 데다가 숫자를 세는 행위 자체에 신경을 쓰게 되어 몰입이 깨지기도 했다. 이 문제를 해결할 방법을 찾다가 '이지카운터'라는 무료 모바일 애플리케이션을 알게 되었고, 지금도 유용하게 활용하고 있다.

그런데 어떻게 목표를 딱 한 줄로 만들 수 있을까? 여기에는 몇 가지 원칙이 있다. 일단 대상을 명확히 하여 '나는…'으로 시작하는 문장이어야 한다. 주어가 빠지면 현실로 이루어지더라도 당신이 아닌 다른 누군가의 일이 될 수 있기 때문이다. 그다음으로는 '연도'를 명확히 정하고, 목표로 하는 '금액'을 매우 구체적인 숫자로 명시해야 한다. 마지막으로 '과거형' 문장이어야 한다. 다음의 문장을 참고하여 당신의 목표를 만들어 보라.

"나는 2027년에 사회에 선한 영향력을 행사하는 100억 자산가가 되었다."

"나는 2025년에 연 수입 2억 원을 초과 달성했다."

"나는 2026년에 연봉을 9,000만 원으로 두 배 높여 이직에
성공했다."

성공 '자동화' 과정 2:
100번씩 100일간 손으로 써라

두 번째 방법은 목표를 손으로 적는 것이다. 부와 성공 소프
트웨어를 무의식에 새롭게 설치하는 여러 방법 중에서도 이 방
법을 '가장 먼저' 해볼 것을 권한다. 일단 종이에 글을 쓰면 글
의 내용과 관련된 '생각'을 무조건 하게 된다. 그리고 생각을
하면 자연스럽게 머릿속에 그림을 그릴 수 있게 된다. 즉, 손으
로 쓰는 이 행동이 추후 상상으로 시각화를 하는 데 토대가 되
어주는 것이다. 한마디로 시각화의 '기초 공사'라고 할 수 있
다. 이것이 손으로 쓰기를 가장 먼저 권하는 이유다.

이 방법 역시 무의식에 목표를 각인하기 위해서 한다. 그런
데 손으로 쓰는 이 행위는 키보드로 타이핑하거나 입으로 말할
때보다 뇌에 훨씬 깊게 각인된다. 시험 공부를 할 때 그냥 눈으
로 책을 읽을 때보다 손으로 적으면서 했을 때 결과가 더 좋았

던 경험을 해보았을 것이다. 목표를 손으로 쓰는 행위도 같은 원리다. 무의식을 '시멘트로 굳힌 단단한 벽'이라고 한다면, 앞서 소개한 소리 내어 말하는 행위는 나무젓가락으로 벽에 글씨를 쓰는 것과 비슷하고, 손으로 쓰는 행위는 쇠젓가락으로 쓰는 것에 가깝다. 이는 과학적으로도 수차례 입증된 결과다. 2014년 미국 프린스턴대학교와 UCLA의 공동 연구 결과, 타이핑으로 필기한 그룹보다 손으로 필기한 그룹의 기억력이 월등히 우수하다는 사실이 밝혀졌다. 타이핑으로 필기한 그룹은 24시간 후에 대부분의 내용을 잊어버린 반면, 손으로 필기한 그룹은 일주일이 지난 뒤에도 상당 부분을 명확히 기억하고 있었다.

이미 성공을 이룬 많은 사람이 공통적으로 강조하는 것이 목표를 100번씩 100일간 매일 쓰라는 것이다. 『돈의 속성』(스노우폭스북스, 2020)의 저자 김승호 회장도 이 방식으로 일생을 통틀어 간절히 원하던 8가지 목표를 이뤘다고 한다. 직접 해보면 자연스럽게 알게 되겠지만, 매일같이 손으로 목표를 100번씩 쓰는 일은 생각보다 쉽지 않다. 같은 문장을 100번씩 쓰는 데만 30~40분가량 걸리는 데다가 단 하루도 거르지 말아야 하므로 정말 강한 의지가 필요하다. 무엇보다 100번씩 100일간 연속으로 쓰기 위해서는 그걸 해낼 수밖에 없도록 스스로 상황을 통제해야 한다. 나는 100일간 그 어떤 저녁 약속도 잡지 않았다. 열이 39도까지 치솟았던 날에도 기어이 다 쓰고 나서 병원에 갔다. 새벽까지 야근을 하는 날에는 일하는 도중 불 꺼진 회의실에 들어가서 100번을 다 쓰고 난 후 다시 일했다. 정말 너무나 피곤해서 손가락 하나 까딱할 수 없을 것 같은 날에도 거르지 않고 썼다. 그렇게 나는 100일간의 약속을 절대 어기지 않았다.〉→ 인생을 바꿀 수만 있다면, 이 정도는 아무것도 아니지 않은가?

100번째 날을 맞이한 날, '일만 번째 문장'을 쓰던 그때의 감정은 아마 평생 잊지 못할 것이다. 말로 표현할 수 없는 뿌듯함과 감동이 밀려왔다. 100일간 100번의 성공을 했다는 '성공 경험치' 또한 쌓이게 되었다. 무엇보다도 목표를 쓰는 동안 나의 무의식이 새롭게 설치되고 있음이 느껴졌다. 생각, 생활 패턴, 사고방식이 점차 변해갔기 때문이다.

당신도 꼭 나와 같은 경험을 해보길 바란다. 보통 100번씩 100일간 쓰는 목표는 인생의 최종 목표 혹은 중장기 목표이기 때문에, 100일째 되는 날 곧바로 이루어지기는 쉽지 않다. (물론 100일간 쓰는 도중에 목표가 이루어졌다는 분들의 사연도 많이 받았다.) 그러나 눈에 보이지 않을 뿐, 당신의 무의식은 100일 전과 완전히 달라져 있을 것이다. 새로운 부의 소프트웨어, 성공 소프트웨어가 설치되었기 때문이다. 이 소프트웨어는 당신이 손으로 만 번이나 직접 쓴 목표가 이루어질 수밖에 없도록 이

끌어줄 것이다. 나 역시 꽤나 먼 시점의 목표를 적었고, 몇 년 전 썼던 그 목표는 현재 진행 중이다. 그런데 정말 신기하게도 그 목표를 이루기 위한 중간 목표들은 이미 다 이루어졌다. 그럼 최종 목표도 결국 '이루어질 수밖에' 없다. 내가 의도하지 않았는데도 갑자기 목표를 이루는 데 도움이 되는 어떠한 일이 벌어지고, 어떤 생각이 떠오르며, 어떤 행동을 하게 된다. 손으로 쓴 그 목표가 이루어질 수밖에 없도록 정말 절묘하게 무의식에 설치된 소프트웨어가 나를 안내해준 것이다.

성공 '자동화' 과정 3:
상상으로 시각화하라

다음으로는 '상상으로 시각화'를 하는 것이다. 가장 먼저 해야 하는 방법은 손으로 쓰기, 가장 중요한 방법은 시각화다. 시각화의 핵심은 원하는 모습을 이룬 자신을 상상하며 벅찬 감정을 느끼는 데 있다. 나는 이를 '인생 미리 보기'라 부르는데, 원하는 삶을 살아가는 자신의 모습을 미리 보고 벅찬 감정을 느끼는 과정이기 때문이다. 수많은 자수성가 부자들, 기업의 CEO, 뇌 과학자, 심리학자, 형이상학자, 심지어 우리가 너무

시각화를 하는 이유

나 잘 아는 오프라 윈프리, 짐 캐리, 비욘세와 같은 할리우드의 '셀럽'들까지 각자의 경험을 근거로 시각화의 엄청난 효과를 일관되게 주장한다.

『시크릿』의 저자 론다 번은 상상을 하면 왜 이루어지는지에 대해서 굳이 알 필요가 없다고 말한다. 어차피 인간의 영역에서는 알 수 없는 일이고, 그저 우주가 응답할 뿐이라는 것이다. 한편 조 디스펜자를 비롯한 여러 뇌 과학자들은 앞서 설명한 뇌의 신경 가소성을 근거로 상상이 현실이 되는 과정을 매우 과학적으로 설명했으며,『디바인 매트릭스, 느낌이 현실이 된다』(김영사, 2021)의 저자 그렉 브레이든,『퀀텀 시크릿』(알레, 2023)의 저자 다카하시 히로카즈 등은 양자역학을 통해 설명하기도 한다.

내가 원하는 것을 시각화해온 지도 벌써 15년이 넘었다. 처음에는 앞서 설명한 과학자들이나 성공한 부자들은 알지도 못했다. 보다 정확히 말하면 그런 사람들이 있는 줄도 몰랐다. 그저 너무 절실했고 시각화 외에는 나 자신에게 해줄 수 있는 것이 없어서 상상했을 뿐이다. 일종의 '생존 본능'이 아니었나 싶다. 시기마다 목표는 조금씩 달라졌지만, 나는 무엇이든 최대한 자세히 상상하고자 했다. 꼭 만나고 싶은 사람이 있다면 그를 만나는 날의 날씨, 만나는 장소, 그곳의 가구 배치, 온도, 조

명, 그의 표정, 그가 나에게 하는 말, 악수할 때의 느낌까지 상상했다. 이렇게 구체적으로 시각화할수록 그 순간의 감정을 더욱 생생하게 느낄 수 있다.

꼭 기억하라. 뇌는 시각화를 할 때의 좋았던 감정을 다시 느끼고 싶어 한다. 시간은 조금 걸리겠지만 시각화할 때와 똑같은 상황으로 기어이 당신을 데려다놓을 것이다. 그때가 바로 상상이 '현실화'되는 경이로운 순간이다.

끌어당김에는
'리스크'가 없다

"말하고, 쓰고, 상상하면 이뤄진다고? 그렇게 쉽게 이뤄지는 거면 세상 사람들 다 성공했겠네!"

지금까지 설명한 이 방법들을 믿지 못하는 사람들이 있다. 정확히는 믿지 않는 사람들이 압도적으로 많다. 그런 이들에게 하고 싶은 말은 하나다. 이 모든 방법은 내가 어느 날 갑자기 생각해낸 것이 아니며, 오래전부터 '성공한 사람들' 사이에서 당연하게 여겨온 방법이라는 것이다. 그런데도 왜 대부분 사람들은 잘 모르고 크게 관심도 없는 것인가? 성공한 사람들이 굳이 자신의 말을 믿지 않는 사람들을 붙잡고 일일이 설명하거나 설득하지 않기 때문이다. 대부분의 성공한 사람들은 바쁘고, 그들은 돈보다 시간을 훨씬 중요한 가치로 삼는다. 그들이 굳이 성공의 비밀을 전파하며 사람들을 설득하러 나설 이유가 없다. 다행히 그들 중 몇몇이 책을 통해 원하는 삶을 이루게 된 비밀을 털어놓았을 뿐이다.

그렇다면 그들의 말을 한번 따라 해보아도 좋지 않을까? 한번 시도할 때마다 몇만 원씩 비용이 발생한다거나 하루에 적어도 서너 시간을 들여야 한다면 고민이 될지도 모르겠다. 하지만 내가 말한 위의 3가지 방법을 실행하는 데는 돈도 들지 않고, 많은 시간이 필요하지도 않으며, 건강을 상하게 하지도 않고, 나와 주변 사람들에게 그 어떠한 피해도 끼치지 않는다. 그렇다면 아무리 생각해도 하지 않을 이유가 없다. 아니, 하지 않는 것이야말로 자신의 삶을 그냥 방치하는 것이나 다름없다.

무의식의 힘을 극대화하는
'감사하기'의 위력

부를 끌어당기는 3가지 방법, 즉 매일 100번씩 소리 내어 목표 말하기, 100번씩 100일간 손으로 적어보기, 상상으로 시각화하기와 그 세부적인 실행 방법들에 대해서는 이미 이야기 했다. 그런데 많은 이들이 '매일'이라는 단어에 크게 부담을 느낀다. 만약 '나는 끈기가 없는 편인데…' 하고 생각한다면 이렇게 묻고 싶다.

"정말 끈기가 없는 게 맞는가? 100% 확실한가?"

여러 번 이야기했지만 거의 대부분의 사람들은 자기 자신에 대해 잘 모른다. 자신이 얼마큼 끈기 있는 사람인지에 대해서도 잘 알지 못한다. 다만 스스로 끈기가 없다고 생각한 다음 이를 꾸준히 믿어왔고, 그 결과 실제로 끈기가 없는 사람처럼 행동하며 살아왔을 뿐이다. 우리는 스스로에 대한 근거 없는 의심부터 버려야 한다.

> 행운의 여신에게 무엇을 팔 것인가?
> 인생의 우선순위가 아닌 것들을 가까이 내어주어선 안 된다.

물론 세상에 공짜는 없다. 행운의 여신조차 행운을 판다. '딱 하루 100번 말하고 썼는데 이루어졌으면 좋겠다' 하는 식의 마음은 갖지 않는 편이 좋다. 대가 없이 무언가를 바라는 것은 돈을 지불하지 않고 상점에서 무언가를 훔치겠다는 마음과 같아서, 당신에게 좋지 않은 에너지를 주고 그에 상응하는 결과를 불러올 뿐이니까. 매일 하는 '반복'만이 지난 수십 년간 당신을 움직여온 무의식 프로그램을 갈아 끼울 수 있다. 이것이 무의식을 바꾸는 강력하고 유일한 방법이다. 브루스 립튼은 그의 강연에서 이렇게 말했다.

"원하는 걸 이룰 때까지 스스로를 속여라."

그는 전혀 행복하지 않은 사람이 행복해질 수 있는 단 하나의 방법을 소개한다. 바로 "나는 행복하다"라는 말을 하루 종일 반복하는 것이다. 처음에는 '이게 뭐 하는 짓인가' 하는 생각이 들겠지만 일단 해보라. '나는 행복하다'라는 메시지를 끊임없이 새겨 넣으면 자신도 모르게 어느 순간, 무의식에 스스로 행복하다고 생각하게 되는 프로그램이 설치된다. 이렇게 무의식에 설치된 프로그램들은 당신이 실제로 행복한 상태에 놓이도록 만들어간다.

이제 무의식에 당신도 모르게 마치 '번들'처럼 깔린 '가난' 혹은 '불행'의 소프트웨어는 지워버리고, '부', '행운', '행복'이라는 키워드로 코딩된 새로운 프로그램을 설치할 때다. 지금부터는 앞서 소개한 3가지 방법의 효과를 말도 안 될 정도로 극대화시켜줄 마지막 방법을 소개하고자 한다. 바로 '감사하기'이다.

성공 '자동화' 과정 4:
감사한 마음은 성공을 불러들인다

누군가 나에게 '부를 끌어당기는 방법'을 한 줄로 요약해보라고 말한다면, 나는 '상상하기' 그리고 '감사하기'라고 답할 것이다. 비단 나뿐만 아니라 수많은 성공한 저자들의 저서를 통해 '감사하기'가 중요하다는 말을 (어쩌면 지겹도록) 접했을 것이다. 말하고, 쓰고, 상상하는 3가지 방법 중에 상상으로 시각화하는 것이 가장 중요하다고 언급했던 것을 기억하는가?

'감사하기'는 시각화만큼이나 중요하다.

그러면 곧바로 이런 의문이 든다. '도대체 무엇에 감사해야 하나?' 여기에도 '소수의 법칙'은 여지없이 작용한다. 대부분의 사람들은 감사할 일이 없다고 생각한다. 매일 비슷한 일상이 반복되며, 경제 상황이 특별히 나아지지도 않았기에 딱히 감사할 게 없다고 말한다.

그러나 소수의 성공한 사람들은 정말 '모든 것'에 감사한다. 성공했기 때문에 마음에 여유가 생겨서 감사할 일이 많은 걸까? 전혀 그렇지 않다. 그들은 성공하기 훨씬 전, 정말 가진 게 아무것도 없던 초라한 시절부터 모든 일에 감사했다. 소수에 속하지 못한 다수는 "뭐 저딴 일에 감사를 해?"라고 비아냥거릴지도 모른다. 그 정도로 아주 사소한 일에까지 감사한 마음을 느낀다. 사실 감사할 일들은 매일 넘쳐 난다. 무엇에 감사해야 할지 모르겠다면 다음을 기억하라.

1. 원하는 삶을 이룬 당신의 모습과 그 상황에 대해 감사하라.
2. 지금 현재 너무 당연하다고 생각해서 인식하지 못하는, 당신이 이미 가지고 있는 엄청나게 많은 것들에 대해 감사하라.

당신이 원하는 삶을 살게 된 바로 그 순간을 떠올려보라. 파이어족으로 살아가는 모습, 투자를 잘해서 혹은 사업이나 부업에 성공해서 부자가 된 모습, 회사의 높은 자리에 오른 모습…. 그 무엇이든 상관없다. 가만히 눈을 감고 그토록 원하는 삶을 이룬 당신의 모습을 상상해보라. 당신의 입가에 미소가 절로 지어지고 너무 좋아서 펄쩍펄쩍 뛰고 싶을 것이다. 동시에 감사하는 마음이 솟아오른다. 원하는 삶을 이루기까지의 모든 시간을 떠올리다 보면, 뭉클한 마음이 들고 스스로가 대견할 것이다. 그 순간의 감정을 느끼며 감사하면 된다.

안타깝게도 감사하기가 특히 어렵다는 이들이 참 많았다. 그럼 이렇게 한번 생각해보라. 우리는 가지고 싶은 물건이 있을 때 웹사이트에서 '미리' 보고 선불로 결제한다. 그리고 하루 이틀 뒤에 그 물건을 받는다. 이와 똑같은 원리다. 상상을 통해 당신이 원하는 삶을 '미리' 보고 '선불'로 감사하라. 그리고 일정 시간이 흐른 뒤 당신이 원하는 삶을 당연하게 '받기만 하면' 된다.

그래도 감사할 일이 떠오르지 않는다는 당신에게 묻는다. 누군가 당신에게 지금 당장 100억 원을 주는 대신, 내일 아침에 눈을 뜰 수 없다고 한다면 어떻게 하겠는가? 당연히 돈을 받지 않겠다고 할 것이다. 그렇게 대답함으로써 당신이라는 사람의 가치는 최소 '100억 원' 이상이라는 것을 스스로 증명했다. 이렇듯 고귀한 가치를 지녔고, 상상도 할 수 없을 만큼 엄청난 잠재력을 지녔으며, 이미 성공이 예정되어 있는 당신이라는 사람에 대해 감사하면 되는 것이다. 또한 너무나 당연하게 여기는 지금의 일상과 현재 가지고 있는 모든 것, 모든 일에 대해서도 감사하라. 많은 이들이 '당연한 것'들에는 감사할 필요가 없다고들 생각한다. 지금 이 책을 읽고 있는 당신의 두 눈, 당신을 숨 쉬게 하는 공기, 평생 단 1초도 쉬지 않고 뛰는 당신의 심장…. 이런 것들에 감사한 적 있는가? 대부분 없을 것이다. 이에 대해 데일 카네기는 그의 저서 『데일 카네기 자기관리론』에서 다음과 같이 말한다.

"우리는 알리바바의 보물보다 훨씬 많은 재산을 가지고 있다. 당신에게 누가 100만 달러를 준다고 하면 두 눈을 팔겠는가? 당신의 두 다리는 얼마를 받아야 할까? 손이라면? 청력이라면? 아이라면? 가족이라면? 이 모든 자산을 더해보라. 그러면 록펠러 가문, 포드 가문, 모건 가문의 재산을 전부 준다고 해도 당신이 가진 것과 바꿀 수 없다는 사실을 알게 될 것이다." 이렇게 생각했더니, 실제로 지금 '감사할 일이 미친 듯이 넘쳐 나는' 현실이 내 눈앞에 펼쳐졌다.

세상엔 감사할 일들이 미친 듯이 넘쳐 난다. 그리고 부를 끌어당기는 과정에서 '감사하는 마음'은 정말 엄청난 위력을 발휘한다.

원하는 삶을 더 빨리,
더 정확하게 끌어당기는 방법

이번에는 감사하는 마음이 어떻게 엄청난 위력을 발휘하는 지 알아보겠다. 혹시 별다른 감정이 들지 않는데도 일단 소리 내어 웃어본 적이 있는가? 참 신기하게도 기분이 미묘하게 좋 아진다. '감사하기'는 바로 이 메커니즘을 이용한다. 먼저 감사 하다고 생각하면 자연스럽게 감사한 일들이 하나둘씩 툭툭 튀 어나올 것이다. 일단 그것만으로도 기분이 좋아진다.

더 자세히 설명해보겠다. '감사'는 기본적으로 상대방으로 부터 무언가를 받았을 때 느끼는 감정이다. 선물, 호의가 담긴 따뜻한 말이나 행동, 배려, 응원이나 격려 등을 받을 때 우리 는 든든하고 충만한 감정을 느낀다. 이처럼 무언가를 받는다 는 것은 그 자체로 우리의 기분을 좋아지게 만든다. 이렇게 좋 은 기분을 유지하고 있는 당신의 내면에는 긍정적인 에너지가 점차 커지고, 비슷한 성향의 사람이 끼리끼리 모이듯 긍정적인 에너지 역시 정확히 같은 주파수의 긍정적인 일들만 끌어당긴 다. 그렇다. 부를 끌어당기는 일은 마치 거울과도 같아서, 감사 하는 마음을 온 마음으로 느끼면 소름 돋게도 경제적으로 감사 할 일이 연이어 일어난다. 감사하는 마음을 기본 바탕으로 삼아 앞서 언급한 3가지 방법(목표를 말하고, 쓰고, 상상하기)을 매일 시도한다면, 당신의 목표는 더욱 빨리 현실화된다. 한편 '아직 이루어지지 않아서 딱히 행복하지 않은데 이루어지면 그때 감사할게'와 같은 태도는 부와 성공의 끌어당김을 가로막는 최악의 마인드다.

감사하기를 습관으로 장착하고 나면 얻을 수 있는 '보너스'가 하나 더 있다. (말이 '보너스'지, 당신의 미래를 좌우할 수 있는 엄청난 무기를 손에 넣는 것이나 다름없다.) 바로 여유를 갖게 된다는 것이다.

"사람은 여유가 있어야 한다."

"서두르지 말고 여유 있게 해야지."

살면서 이런 말을 수도 없이 들었을 것이다. 도대체 어떻게 해야 여유를 가질 수 있다는 말인가? 바로 '감사하기'를 습관화하면 마음이 차분해지면서 묘한 여유가 생겨난다. 지금 당장 내 계좌에 얼마가 있는지를 떠나서 실제로 그렇게 된다. 살면서 '급한 성격'이라는 말을 수천 번도 넘게 들었던 나도 감사하는 마음을 습관으로 장착한 뒤부터 훨씬 여유가 생겼다. 여유가 생기니 잘못된 결정을 내리는 일이 줄어들었다.

보통 잘못된 결정을 하는 이유는 급한 마음에 너무 서둘렀기 때문이다. 시험 볼 때를 떠올리면 더욱 이해하기 쉽다. 당신이 마지막 10문제만 남겨둔 상황이라고 가정해보자. 그 순간 갑자기 "시험 종료 5분 전입니다"라는 안내 방송이 나온다면 당신의 마음은 덜컹 내려앉으며 엄청나게 급해진다. 방금 전까지도 잘 읽히던 글씨가 눈에 들어오지 않고 심장 박동이 빨라지며 머리가 멍해진다. 식은땀도 나는 것 같다. 결국 급한 마음에 충분히 풀 수 있었던 문제를 '찍어버리게' 된다. 무엇이 최고의 선택인지 제대로 선택하지 못한 채 그냥 '아무거나' 선택함으로써 제대로 된 선택의 기회를 버리는 것이다. 최선이 아닌 차선을, 차선이 아닌 차차선을, 때로는 최악을…. 이렇게 급한 마음으로 인한 잘못된 선택이 차곡차곡 쌓여 완성된 미래의 당신은 어떤 모습일까? 반대로 여유 있는 마음으로 평정심을 유지한 채 좋은 선택을 계속해 나아간다면, 미래에 당신이라는 사람의 '결과 값'은 도저히 같은 사람의 인생이라고 할 수 없을 정도로 다를 것이다.

"힘들지만 버티겠다"는 말로는
버틸 수 없다

"지금 상황은 진짜 최악이지만, 성공할 때까지 끝까지 버텨

볼게요. 원하는 목표를 손으로 써보고, 소리 내어 말하고, 상상으로 시각화도 할 겁니다. 감사하는 마음도 가져보고요."

혹시 당신도 이런 마음으로 오늘 하루를 보냈는가? 비록 현실은 시궁창일지라도 참고 견뎌보겠다는 마음으로 각오를 다지며, 찬란한 미래를 위해 힘들더라도 어떻게든 버텨보겠다는 생각을 하고 있지는 않은가? 이렇게 생각하는 사람들이 굉장히 많다. 그런데 버틴다고 생각하면 정작 버틸 수가 없다. '버틴다'라는 생각이 고개를 드는 순간, 이 시궁창 같은 현재를 아무리 긍정적으로 생각해보려 해도 쉽지 않기 때문이다. 결국 당신이 있는 곳은 시궁창이고 그 시궁창 안에 발을 담그고 있는 자신의 모습을 자각할 때마다 점점 더 괴로워질 것이다. 참고 견디며 버티기를 오래 할 수 있는 사람은 그다지 많지 않다. 설령 버틴다 하더라도 몸과 마음은 조금씩 망가지게 되어 있다. 과연 얼마나 버틸 수 있을까? 딱 하루만 버티고 좋은 날이 온다면 좋겠지만, 그 하루가 1년에 365번이나 찾아오는데 얼마나 더 버틸 수 있단 말인가.

그렇게는 버틸 수 없다. 버틴다고 생각하지 말자. 대신 이미 원하는 것을 이루고 원하는 삶을 살아가는 자신의 모습을 상상하고 감사한 마음을 느껴보자. 더불어 당신이 이미 가지고 있는 것들에 대해서도 감사해보자. 여기에는 아무런 리스크도 없고, 시간이 많이 들지도 않는다. 운동처럼 몸에는 좋은데 조금 힘들고 귀찮은 일도 아니다. 그냥 눈만 감고 상상으로 느끼기만 하면 된다. 부디 며칠 몇 주만이라도 해보기를 간곡히 권한다. 일단 하고 나면 당신은 더 이상 냄새 나는 시궁창에 머무르지 않게 된다. 당신의 오늘 역시 '견디는 시간'이 아니라, 경이로운 미래를 향해 나아가는, 당신이 그토록 원하는 삶의 일부가 된다. 당신의 오늘은 정말로 그러하고, 그래야 마땅하다. 견디고, 버티고, 버리는 시간이 되어서는 안 된다.

원하는 삶을 이룬 미래의 당신이
현재에 사는 당신을 끌어당기고 있다

시간은 한쪽 방향으로, 그러니까 과거에서 현재를 거쳐 미래로 흐르지 않는다. 점이 '0차원'이라면 점과 점이 연결된 선은 '1차원'이다. 선과 선이 만나 면을 이루면 '2차원'이 된다. 그리고 면과 면이 만나 공간을 이루면 우리가 현재 사는 세상인 '3차원'이 된다. 이 공간에 't'라는 시간의 축이 더해지면 비로소 '4차원'이 된다.* 그런데 3차원에 사는 우리는 '공간'과 달리 '시간'의 존재를 눈으로 확인할 수 없다. 볼 수 없으니 인식할 수 없고, 인식할 수 없으니 이해할 수도 없다. 4차원의 한 축을 이루는 '시간'을 이해할 수 없기에 인간은 시간이 '흐른 다'는 개념을 만들어냈고, 스스로 그 개념을 믿고 있을 뿐이다. 만약 인간이 4차원의 세계를 인식할 수 있다면, 눈으로 볼 수 있는 공간의 존재를 당연하게 인식하듯이 시간 또한 존재한다 고 당연히 받아들일 것이다.

3차원에 사는 우리는 특정한 공간에 '좌표'를 찍어서 정확한 위치를 표시한다. 이것이 '공간의 좌표'이다. 마찬가지로 4차원 의 세계에서는 공간과 같이 시간에도 특정한 좌표를 찍어서 표 시할 수 있다. 이것이 바로 '시간의 좌표'이다. 그렇다면 4차원 의 세계에서는 특정 '시점'에 원하는 삶을 이룬 스스로의 모습 을 좌표 위에 찍을 수 있지 않을까? 그렇다. 원하는 삶을 이룬 당신은 우리가 '미래'라고 부르는 그 '시간의 좌표'에 이미 존 재하고 있다. '현재'에 위치한 당신이 '미래'에 위치한 당신을 끌어당기면, 거울처럼 '미래'라는 시간의 좌표에 위치한 당신 도 '현재'라는 시간의 좌표에 위치한 당신을 똑같이 끌어당기 는 것이다. 당신은 이토록 순조롭고 당연하게 스스로 '원하는

---

*   4차원의 존재를 최초로 눈치챈 이들이 바로 물리학자 알베르트 아인슈타인과 수학자 헤르만 민코프스키다.

삶'에 다다를 수밖에 없다.

　'감사하는 마음'이라는 긍정적 에너지로 미래의 당신을 끌어당겨라. 그리고 눈부신 그 순간을 현실로 마주하라.

빚을 생각하면
빚은 늘어난다

▶ 하대(하와이 대저택) 님 말대로 저도 오늘부터 무의식에 목표를 단단히 새기는 작업을 해보려고 합니다. 저의 간절한 바람을 매일 100번씩 읽고, 손으로 써볼 거예요. 벌써 말씀하신 대로 한 문장으로 목표를 만들어봤어요.

'나는 2024년 3월까지 4,000만 원의 빚을 다 갚았다.'

이제 빚 다 청산하고 경제적 자유를 이룰 겁니다! 응원해주세요!

▶ 저는 크게 바라는 거 없어요. 소박합니다. 그냥 올 한 해 별다른 문제가 없었으면 좋겠어요.
'올 한 해 아무런 문제도 없이 지나갔다.'
이렇게 목표를 세우면 되나요?

안타깝지만 이런 식으로 목표를 세우면 절대로 안 된다. 이루어지긴 할 것이다. 정확히 반대로. 그 이유가 무엇일까? '빚'이라는 단어가 들어간 문장을 하루에 100번씩 말하고, 100일간 손으로 직접 쓰고, 빚에 대해 매일 상상하며 시각화한다고 생각해보라. 이런 행위는 오히려 당신의 무의식에 '빚'을 강하게 각인시킨다. 그로 인한 결과물로 무의식은 또 다른 빚을 당신 눈앞에 현실화하여 가져다 놓을 것이다. ☆┌→ 반드시 기억하라.

'별다른 문제'라는 말에도 문제가 있다. 무의식은 부정어를 따로 구분하지 않는다. 무의식은 '문제가 있다'와 '문제가 없다'라는 말 모두 그냥 '문제'로 받아들인다. 그러므로 당신이 '별다른 문제'가 없었으면 좋겠다고 생각한다면 그 '별다른 문제'를 당신 눈앞에 기어이 현실로 가져올 것이다.

무의식은 어떻게
내가 원하는 것을 찾아내는가

인간은 무엇을 통해 사물을 보는가? 보통은 '눈'이 그 역할을 한다고 생각한다. 그러나 사실은 눈과 같은 감각기관으로부터 자료를 넘겨받은 뇌가 처리하고 인식한 결과일 뿐이다. 즉 '눈'이 보는 게 아니라 '뇌'가 본다고 해야 적확하다. 이때 인간은 전달받은 정보를 모두 인식하지는 못한다. 인간의 뇌는 1초에 4,000억 비트의 정보를 처리하는데, 그중 우리가 '의식적으로' 인식할 수 있는 정보는 고작 2,000개뿐이다. 존 아사라프에 따르면 우리 뇌는 《뉴욕타임스》 600만 권이 넘는 분량을 저장할 수 있다는데, 그렇다면 이 방대한 정보들은 다 어디로 간단 말인가? 거의 대부분은 우리 의식의 저쪽 뒤편, 무의식의 창고에 쌓인다. 그러니까 우리는 수많은 정보 중 아주 일부만 의식의 세계에서 '의식적으로' 인식할 뿐이고, 나머지는 전부 '필터링'되어 무의식의 창고로 들어가 버린다.

여기서 궁금증이 생긴다. 도대체 뇌는 어떤 기준으로 '당장 우리 눈앞에 가져다 놓는 정보'와, '눈에 보이지 않게 무의식의 창고로 곧장 가져가 버리는 정보'를 나누는가에 대한 의문이다. 이에 대한 해답은 망상활성화체계RAS, Reticular Activating System

✡ 정말 중요한 개념 2.

에 있다. 망상활성화체계는 외부 세계에서 들어오는 모든 입력 내용을 걸러내는, 엄청나게 촘촘한 뇌의 그물망과도 같은 여과 장치, 즉 '필터'라고 생각하면 된다. 이 필터는 우리 마음의 관문을 지키고 서서, 마치 공항 검색대에서 하듯이 우리 뇌로 들어오는 정보를 분류하고 검색하는 역할을 한다.

지금 이 순간에도 무의식의 '필터'는 당신을 돕거나 방해하고 있다

뇌는 이렇게 정보를 구분하는 작업을 평생 계속한다. 심지어 당신이 자고 있는 동안에도, 지금 이 책을 읽는 동안에도 무의식은 이러한 작업을 쉼 없이 지속하고 있다. 구글 검색창에 키워드를 입력하고 검색 결과가 화면에 뜨기까지 1초가량 걸린다면, 망상활성화체계는 이를 수천 분의 1초 만에 해낸다. 망상활성화체계의 작업 속도가 비행기라면 구글 검색엔진은 달팽이 정도의 속도라고 말할 수 있을 정도.

존 아사라프는 그의 저서 『부의 해답』에서 이와 관련하여 굉장히 흥미로운 예시를 하나 든다. 교실 밖 복도에 한 학부모가 서 있다. 그는 50명의 아이들이 동시에 시끄럽게 떠드는 와

중에도 자신의 아이가 무슨 말을 하는지 들을 수 있다. 망상활성화체계의 필터링 덕분이다. 예를 하나 더 들어보자. 어느 날 밤, 안방에서는 당신이, 바로 옆방에는 당신의 사랑스러운 아기가 잠들어 있다. 바깥에서는 온갖 소리가 들려온다. 자동차 경적 소리, 강아지 짖는 소리, 옆집 사람이 술에 취해 자기 집 현관문을 발로 차는 소리…. 하루 종일 고된 육아에 완전히 지친 당신은 깊은 잠에 빠져 이 모든 소리를 전혀 듣지 못한다. 그런데 옆방의 아기가 칭얼거리는 아주 작은 소리에 당신은 순식간에 잠에서 깬다. 무의식의 정교한 필터가 시끄러운 온갖 소리 중 오직 아기의 울음소리만을 통과시켜 당신에게 닿을 수 있도록 했기 때문이다.

간다 마사노리는 그의 저서 『비상식적 성공 법칙』에서 망상활성화체계와 관련된 재미난 실험을 하나 제안한다. 지하철에서 '빨간 옷을 입은 사람은 어디에 있지?' 하고 속으로 질문한 뒤, 카메라 셔터처럼 눈을 단번에 뜨는 실험이다. 그럼 정말 빨간 옷을 입은 사람이 눈에 띌 것이라고 이야기한다. 실제로 이 실험을 직접 해본 적이 있다. 마음속으로 '모자를 쓴 사람은 어디에 있지?' 하고 생각한 뒤에 눈을 떴는데, 신기하게도 정말 '1초'도 채 되지 않는 그 짧은 순간에 모자를 쓴 사람이 눈에 들어왔다. 더욱 흥미로웠던 점은 바로 직전까지는 전혀 인식하지 못했으나, 내가 탄 지하철 칸에 정말 다양한 형태의 모자를 쓴 사람이 굉장히 많았다는 사실을 인지하게 되었다는 것이다. 캡 모자, 등산 모자 등 종류도 다양했다. 우리가 '의식적'으로는 절대 할 수도 없고, 할 수 있다고 생각조차 못 했던 이런 일들을 아무렇지도 않게 해낼 수 있게 만드는 것이 망상활성화체계이다. 이에 대해 존 아사라프는 '바닷물을 모두 뒤져서 내가 찾는 바로 그 한 방울의 물을 찾아내는 놀라운 능력'이라고 강조하기도 했다.

사는 대로 생각하면
절대로 부자가 될 수 없다

지금까지의 내용을 정리하면 이렇다. 인간의 뇌에서 무의식의 영역은 책 수백만 권 분량의 방대한 정보를 저장할 수 있다. 당신이 한 가지 정보를 보고 있다고 생각할 때, 사실 무의식에서는 4,000억 개의 정보를 추가로 더 처리하고 있다. 외부로부터 실시간으로 쏟아지는 수많은 정보 중에서 당신이 원했던 단하나의 정보를 제외하고, 나머지 수천억 개의 정보는 촘촘한 그물망에 걸리듯 '필터링'되어 무의식 깊이 자리한 커다란 창고로 보내진다. 이렇게 단 하나의 정보만을 걸러서 당신이 알아챌 수 있도록 뇌에게 알려주는 것이 바로 '망상활성화체계'다. 우리가 집중하거나 집중하지 않을 때, 생각하거나 생각하지 않을 때, 심지어 잠을 자고 있을 때조차도 망상활성화체계는 쉬지 않고 작동한다. → 그래서 잠들기 직전에 하는 생각, 시각화가 중요한 것이다.

이제 목표를 현실화하고 싶은 당신이 해야 할 일은 너무나 분명하다. 망상활성화체계를 당신의 목표에 맞게 '세팅'해서, 인생을 바꿔버릴 수도 있는 보석 같은 기회가 당신을 스쳐 지나가는 일이 없도록 해야 한다. 이러한 사실을 깨닫지 못한 채 그저 '사는 대로 생각하며' 살아간다면 어떻게 될까? 인생을 바꿀 만한 엄청난 기회가 찾아온다고 해도 무의식의 필터는 그 모든 기회를 그냥 통과시켜버릴 것이다. 그렇기 때문에 당신은 그런 기회가 존재했다는 사실조차 알지 못한다.

예를 들어, 당신 스스로 1년에 '4,000만 원'의 수입을 당연하다고 여기며 살아간다고 가정해보자. 설령 8,000만 원을 벌 기회가 있다고 해도 망상활성화체계라는 무의식의 필터는 이 정보를 그냥 통과시킨다. 그렇게 8,000만 원을 벌어들일 가능성도 사라졌다. 만약 당신 인생의 키워드가 온통 '중산층'과 관련된 것들뿐이라면, 부자가 될 수 있는 아이디어는 절대로 떠오르지 않는다. 정말 좋은 기회라 하더라도 매번 필터링되어 인식조차 할 수 없기 때문이다.

지금 당신은 무의식의 필터에 무엇이 검색되도록 세팅해놓았는가? 인생을 바꾸고 싶지만 도저히 그 어떤 출구도 보이지 않는다면, 이제 무의식의 필터를 점검해야 할 때다. 그리고 그게 바로 사는 대로 생각하는 것이 아닌, 생각하는 대로 사는 삶이다.

빚을 생각하면
빚이 자꾸 늘어나는 이유

———

망상활성화체계를 이해할 때 반드시 기억해야 하는 점이 하나 더 있다. 바로 '무의식은 부정어를 처리하지 않는다'는 사실이다. 구글 검색엔진을 떠올려보라. 검색창에 '기린 말고 다른 동물'이라고 검색하면 무엇이 나올까? 구글은 빠른 속도로 기린에 대한 모든 정보를 당신 앞에 가져다 놓는다(실제로 구글 검색창에 검색을 해보라. 조금 더 와닿을 것이다.). 예를 하나 더 들어보자. 만약 누군가로부터 "원숭이를 생각하지 마라"라는 말을 들었다면 당신은 어떤 동물을 머릿속에 떠올리게 될까? 그 말을 듣는 즉시 원숭이를 생각하고 만다. 다시 한번 강조하지만 무의식은 부정어를 처리하지 않는다. '기린 말고 다른 동물'을 원한다면, 기린이 아니라 코끼리나 토끼를 생각해야 한다. 생각하지 말라고 아무리 애절하게 무의식에 명령해봤자, 무의식은 '하지 마라'라는 부정어를 처리하지 않기 때문이다. 그저 당신의 요구대로 정확하게 생각하지 말라는 것을 당신 앞에 가져다 놓을 뿐이다.

'빚이 더 이상 늘어나지 않으면 좋겠다'라는 당신의 간절한 목표가 애초부터 이루어질 수 없는 이유도 바로 여기에 있다. 부정어를 처리하지 않는 무의식은 오로지 '빚'이라는 단어만을 인식한다. 그럼 망상활성화체계는 그 엄청난 능력을 바로 활용하기 시작한다. 당신이 오감으로 받아들이는 엄청난 양의 정보 중에서도 '빚'과 관련된 정보 혹은 '빚'이 생길 수밖에 없는 상황에 관한 정보 등 당신이 원하지 않는 결과만을 당신 앞에 가져다 놓는 것이다.

원숭이 대신 사자를, '빚' 대신 '부'를 떠올려라

무의식을 활용하는 데 타고났거나 특별히 뛰어난 사람은

없다. 그저 '사람'이라면 누구나 수백만 권 분량의 정보를 저장할 수 있는 무의식이 있으며, 구글 검색엔진과는 비교조차 할 수 없을 만큼 빠르고 정확한 망상활성화체계를 가지고 있다. 이렇게 막강한 무기를 지니고 있는데도 많은 이들이 "나한테는 그런 거 딱히 없다"라고 단정 짓거나, "바빠 죽겠는데 망상…. 뭐라고? 나중에 여유 생기면 한번 생각해볼게"라며 삶을 그저 흘려보내고 있다. 너무나 안타까운 점은 이런 사실을 정확히 알고 있는 소수의 사람들조차 '빚', '문제', '비만', '망하지 않고'와 같은 키워드를 무의식에 입력하고 있다는 사실이다.

이제는 원숭이 대신 사자를 검색하라. 4,000만 원의 빚 대신 8,000만 원의 수입을 생각하고 검색하라. '무슨 일이 있어도 망하면 안 된다'라는 당신의 그 간절함을 '제대로 성공한' 스스로의 모습을 상상하는 연료로 사용하라.

마지막으로, 무탈한 하루를 바라는 대신 감사할 일만 생기는 하루를 생각하라. 그것이야말로 당신의 무의식을 원하는 방향으로 '세팅'하는 가장 현명하고도 탁월한 방법이다.

THE MIND

제3원칙

부를
강하게 끌어당겨라

‘부’를 생각하면 ‘부’가,
‘성공’을 생각하면 ‘성공’이 따라올 것이다.

끌어당김에는 리스크가 없다.
하지 않을 이유가 어디에 있단 말인가.

내가 다니던 직장에는 '원급', '선임급', '책임급'이라는 직급 체계가 있었다. 선임급이었던 나의 목표는 책임급이 되기 전까지 경제적 자유를 이루고 '파이어족'으로 사는 것이었다. 각 직급은 10호봉으로 이루어져 있고, 1년에 1호봉씩 올라가서 10호봉이 되면 승진 심사를 통해 다음 직급으로 승진할 수 있었다. 나는 처음의 목표보다 4년 빨리, 그러니까 '선임 6호봉'에 경제적 자유를 이루고, 파이어족이라는 180도 완전히 다른 삶의 방향을 향해 인생의 중심축을 틀어버렸다.   내가 정의하는 '파이어족'

파이어족이 된 이후, 내 인생은 놀랍도록 달라졌다. 무엇보다 가장 중요하고 결정적인 변화는 '내 인생의 육하원칙을 내가 정한다'는 데 있었다. 내가 언제, 어디서, 무엇을, 어떻게, 왜 하는지를 100% 내가 정한다. 또한 육하원칙을 정할 때 이제 '돈 문제'는 더 이상 고려 사항이 아니다. 그저 '내가 그러하길 원하는가'를 기준으로 삼아 내 삶의 육하원칙을 하루하루 정할 뿐이다. 내 삶은 이제 더 이상 돈으로 인해 '브레이크'가 걸리지 않는다.

사랑하는 가족과 맛있는 음식을 먹을 때, 메뉴판 오른편에 있
는 가격을 더는 신경 쓰지 않는다. 유난히 피곤한 날 택시를 부를
때 망설이지 않으며, 미터기를 보면서 마음을 졸이지도 않는다. 더
는 어디 갈 때 와이파이를 찾지도 않는다. 데이터가 부족하면 요금
제를 바꾸면 되니까. 겨울에 '난방비 폭탄'을 걱정하면서 보일러를
잠그는 일도 하지 않는다. 내가 원하는 만큼의 부를 이루었다는 사
실은 이렇듯 사소한 부분에서 실감할 수 있었다.

당신은 어느 정도의 부를 원하는가? 어떤 인생이 '성공한 인생'
이라고 생각하는가? 부와 성공에 대한 정의는 저마다 다르다. 나는
'내가 원하는 삶을 사는 데 돈이 제한을 걸어오지 않는 정도'를 부
의 기준으로 삼았지만, 성공은 '원하는 바를 이루는 것'이므로 당
신이 꿈꾸는 삶은 또 다를 것이다. 그 삶이 무엇인지 알아차리는
것부터가 시작이고, 원하는 삶을 알아차린 뒤에는 그걸 끌어당기는
연습을 해야 한다. 지금부터 당신 스스로 정의한 부와 성공을 끌어

당기고 현실화하는 방법에 대해 더욱 자세히 이야기하겠다.

물론 당신도 상상만 하던 꿈, 남들이 들으면 비웃을지도 모르는 꿈, 감히 꿈으로도 못 꾸던 꿈을 현실화할 수 있다. 어떻게 장담하느냐고? 내가 직접 겪은 일이기에 말할 수 있다. 나는 조만장자나 재벌, 엄청난 규모의 기업을 이끄는 회장이 아니다. 한때 평범한 '취준생'이었고, 회사라는 울타리가 이 세상의 전부였던 '직장인'이었다. 내가 애초부터 뛰어난 두뇌와 탁월한 역량을 가진 사람이었다면 당신도 해낼 수 있다는 말을 이렇듯 자신 있게 하지 못했을 것이다. 그러나 나는 더없이 평범한 사람이다.

나 같은 사람이 끌어당기는 습관을 갖게 되고 원하는 것들을 현실로 만들었다는 것, 이 자체가 당신도 할 수 있다는 가장 강력한 증거가 되지 않을까.

분명 당신은 원하는 삶을 끌어당길 수 있다.

어쩌면 나보다 훨씬 더.

도대체
언제 이루어지는가

"2023년 9월까지 20억 원을 벌고 경제적 자유를 이룬다는 목표를 세웠습니다. 그리고 하대 님이 하라는 것은 다 했는데 왜 제 꿈은 이뤄지지 않을까요? 저에게는 끌어당김이 통하지 않는 걸까요?"

무의식에 '부의 소프트웨어'를 설치하는 방법, 그러니까 '끌어당김의 법칙'을 제대로 이해했다면, 그리고 한번 해봐야겠다는 결심이 섰다면 처음에는 마음이 꽤나 들뜰지도 모른다. 드디어 꿈을 현실화할 수 있겠다는 희망도 생기고, 목표를 매일

100번씩 소리 내어 말하기, 손으로 직접 쓰기, 상상으로 시각화하기 역시 기꺼이 해보리라 각오를 다진다. 그러나 솔직히 말하면 소프트웨어를 갈아 끼우는 이 과정, 즉 끌어당김의 습관을 장착하는 것은 생각보다 쉽지 않다. '이만큼 어렵지 않을까?'라고 생각했다면, 그것보다 열 배 이상 더 어렵다고 생각하면 된다. 갑자기 조금 우울해진다고? 더욱 우울한 상황이 있다. 그 모든 어려움을 뚫고 매일같이 실천했는데도 아무것도 달라지는 게 없을 때다. 너무나 많은 이들이 이 지점에서 '셀프 퇴장'을 해버린다.

도대체 간절한 그 꿈은 언제 현실화되는가?

간절한가
그 간절함은 '진짜'인가

─────

원하는 목표가 이루어지지 않는다고 답답해하다가 그만둬버리기 전에 스스로 반드시 점검해야 할 부분이 있다. '나는 이걸 정말 절실히 원하는가?'에 대한 굳은 확신이다. '뭐, 되면 좋고 아니면 말고', '안 될 확률이 높으니까 그냥 며칠만 살짝 해봐야겠다' 하는 식의 태도로 목표를 현실화했다는 말은 지금까지 단 한 번도 들어본 적이 없다.

또한 아무것도 안 하고 말 그대로 '끌어당김'만 한다고 해서 하늘에서 신비로운 빛이 한 줄기 비추며 '현실이 순식간에 바뀌는 순간' 같은 것도 당연히 없다. 목표가 절실하다면 당신은 그것을 이루기 위해 치열하게 행동하게 될 것이다. 여기서 내가 '행동해야 한다'가 아니라 '행동하게 될 것이다'라고 표현했다는 점에 주목해야 한다. 끌어당김의 법칙을 습관으로 장착하여 매일 실행하다 보면, 어느 순간부터 당신은 목표를 이루기 위한 여러 행동을 자연스럽게 하고 있을 것이다. 옆에서 누가 뜯어말려도 하게 된다. 이 과정은 전혀 어색하지도 인위적이지도 않다. (끌어당김이 당신의 행동으로 전환되는 과정에 대해서는 다음 4부에서 이야기하겠다.)

스스로 얼마나 절실한지를 점검했다면 그다음으로 내가 '진짜' 원하는 목표가 맞는지 확인해야 한다. 확인하는 방법은 간단하다. 원하는 목표가 이루어진 그 순간을 상상하기만 해도 심장이 두근거리고 미소가 지어지는가? 어린 시절 소풍 가기 전날 밤, 침대에 누워 잠 못 이루던 그날처럼 설레는가? 그렇지 않다면 그건 당신이 진짜 원하는 삶이 아니다.

〈하와이 대저택〉 채널 구독자 분 중 이런 사례도 있었다. '20억 원의 자산을 쌓고 파이어족이 된다'라는 명확한 목표를 세우고 단 하루도 빠짐없이 시각화를 하고, 100번씩 100일간 목표를 쓰고 있는데 정말 이상할 정도로 설레지 않는다고 했다. 알고 보니 그는 사실은 자산을 많이 모으기보다 지금 하고 있는 분야에서 최고가 되고 싶어 했다. '일'로 인정받으며 성공하는 삶이 진짜 원하는 목표였던 것이다. 이를 알아차리지 못한 채 완전히 반대인 '파이어족'을 목표로 오히려 그 일을 '조기 퇴직'하겠다고 상상하니 설레지 않는 것이 너무나 당연했다. 이런 사례가 바로 '진짜' 원하는 목표가 아닌 경우다.

당신의 목표는 무엇인가? 그 목표 역시 '진짜' 목표가 아닐 수 있다. 남들이 다들 몇 년도까지 몇십억 원을 벌어서 파이어족이 되겠다고 하니 그저 이와 비슷한 목표를 잡은 것은 아닌지 자문해보자.

'5년 정도면 길지도, 짧지도 않은 것 같은데 기간은 2028년으로 정하자. 대충 50억 원이면 충분히 많은 것 같으니 금액은 이 정도로 정하면 되겠어.'

이런 식으로 목표를 설정하지는 않았는가? 그래선 안 된다. 당신을 설레게 하는 '진짜' 목표를 찾아야 한다.

걱정하지 마라
바라는 일은 반드시 일어난다

———

'진짜로' 원하는 것을 찾아 명확한 목표를 정했고, 그 누구보다 절실했으며, 이를 위해 끌어당김을 위한 일련의 과정을 하루도 빠짐없이 실천했다고 해보자. 이렇게만 하면 목표로 정한 바로 그 시기에 정확히 현실화될까? 물론 이와 관련한 성공 사례는 수도 없이 많다.

- "100번씩 100일간 쓰기 67일 차에 목표가 이루어졌습니다! 이렇게 빨리 이루어질 거라고는 정말 생각도 못 했는데, 제가 원하는 그 연락을 받는 순간 온몸에 전율이 일었어요."
- "올해 초에 제가 썼던 목표를 예상보다 더 빨리 달성했습니다. 처음에 목표를 정할 때까지만 해도 진짜 말도 안 된다고 생각한 금액과 목표치였는데…. 소름이 돋았습니다."
- "제가 정했던 시점에서 정말 딱 며칠 차이로 목표가 이루어졌어요. 진짜 소름이 끼칠 정도예요."
- "목표로 삼았던 시기보다는 10개월 정도 늦긴 했지만 결국 이루어졌습니다!"

- "큰 목표를 세웠습니다. 그리고 '이루어졌다'라고 노트에 꾸준히 적었습니다. 목표로 정한 날에서 시간이 많이 지났지만 아직 이루어지지는 않았습니다. 그런데 얼마 전부터 그 목표가 머지않아 이루어질 것 같은 느낌이 자꾸만 듭니다. 다 왔다. 이제, 다 왔다."

참고로 나는 내가 특정했던 시기보다 훨씬 빨리 이룬 목표들이 더 많았다. 물론 수개월, 길게는 1년이 지나서야 이루어진 적도 있다. 한번은 딱 하루 차이로 현실화된 적이 있어서 스스로도 꽤 놀랐던 기억이 난다. 직장인 시절 나의 첫 번째 경제적 목표는 '순자산 1억 원'을 모으는 것이었다. 두 번째는 2억 원, 다음은 5억 원, 그다음은 10억 원이었다. 당시 '순자산 10억 원을 결국 달성했다'라는 확언을 매일 말하고, 쓰고, 시각화했다. 이루어지는 시기는 그해 상반기의 마지막 날인 6월 30일로 정했다. 그런데 정말 신기한 일이 벌어졌다. 일찌감치 매물로 내놓은 아파트가 있었다. 반년 동안 단 두 명만 집을 보고 갔을 뿐 그해 상반기가 다 지나도록 팔릴 기미가 전혀 없었는데, 신기하게도 다음 날인 7월 1일, 집을 보러 온 부부가 바로 당일 계약하기를 원했다. 심지어 당시 매도할 수 있는 가장 좋은 가격으로 말이다. (비록 1,000만 원 차이이긴 했지만 나의 매물이 '신고가'를 기록했다.) 그렇게 하루 차이로 순자산 10억 원의 목표가 현실화되었다.

물론 목표가 현실화되는 시기는 사람마다 다 다르다. 그러나 걱정하지 마라. 시간의 오차는 당연히 발생할 수밖에 없지만, 당신이 원하는 그 일은 이루어진다. 우리는 시간의 오차보다는 '이루어진다'는 것에 초점을 맞춰야 한다.

↳ 몇 개월 혹은 1~2년 차이 난다는 사실이 더 중요한지,
아니면 '이루어지는' 것이 더 중요한지 생각해보라.

시간의 좌표에
오차가 생기는 이유

'시간의 오차'는 왜 발생할까? 스스로 원하는 목표와 원하는 삶을 연도까지 특정해서 말하고, 쓰고, 시각화했으니 그 시기에 정확히 이뤄지면 더할 나위 없이 좋을 텐데 말이다. 하지만 사실 정확히 맞아떨어지는 경우는 드물다. 정한 시기에 이뤄지지 않았다고 '삼재'가 있어서라거나, 사주팔자가 좋지 않아서라거나, 별자리나 MBTI에 문제가 있어서라고 생각할 필요도 없다. 정말 이런 것들과는 아무런 관련이 없기 때문이다. 다만 특정 연도를 설정하는 행위 자체가 '시간의 좌표'를 찍는 것이므로 오차는 필연적으로 발생할 수밖에 없다는 사실을 이

해해야 한다.

내가 시간을 3차원 공간이 아닌 '4차원 시공간'으로 생각한다는 점에 대해서는 이미 언급한 바 있다. 현재 우리는 공간의 특정 지점에 좌표를 찍을 수 있듯이 똑같이 특정 시점(시간)에도 좌표를 찍을 수 있다. 그런데 우리는 '시공간'이 아닌 '공간'의 세계, 즉 4차원이 아닌 3차원에 존재하므로 4차원의 한 축인 시간을 볼 수도, 인식할 수도 없다. 이러한 이유로 원하는 시간의 좌표를 대략적으로 찍을 수밖에 없는 것이다. 당신이 목표를 이루는 시점을 2023년 12월로 정했다고 해보자. 당신은 시간의 좌표를 2023년 12월로 정확히 찍었다고 생각하겠지만, 실제 그 좌표는 2023년 3월일 수도, 2024년 12월일 수도 있다.

좀 더 쉽게 이해할 수 있도록 예를 들어보자. 스마트폰으로 우리나라 지도를 보고 있다고 생각해보라. 당신은 목표가 이루어지는 시간의 좌표를 2024년으로 찍었다. 이때 당신이 찍은 '2024년'이라는 좌표를 서울 잠실에 있는 '석촌호수'라고 가정해보겠다. 석촌호수가 서울의 동쪽, 한강 아래에 있음을 아는 것은 당신이 자신의 목표를 굉장히 명확히 알고 있는 것과 같다. 이제 당신은 우리나라 전체 지도 중에서 서울이 위치한 곳, 그중에서도 동쪽 아래를 손가락으로 찍었다. 이것이 바로 목표가 이루어지는 시점을 '2024년'으로 정하는 행위다. 그런데 문제가 생겼다. 당신은 명확한 목표를 가지고 매우 정확하게 장소를 찍었다고 생각했지만, 엄지와 검지로 지도를 확대해보니 '성수동'이 찍혀 있는 게 아닌가. 성수동은 당신이 찍었다고 생각했던 '2024년', 즉 석촌호수와는 6킬로미터 정도 떨어져 있다. 그리 먼 거리는 아니다. 이때 성수동이라는 시간의 좌표는 2023년일 수도, 2025년일 수도 있다. 시점의 오차는 이렇게 발생한다. 2024년이 아닌 2023년 혹은 2025년에 목표가 이루어질 수도 있다는 뜻이다.

절실히 원하는 그 목표와 삶이 2023년에 이뤄졌다면 어떤 기분이 들 것 같은가? 목표로 삼았던 2024년보다 빨리 이루어졌으니 신기하고 감사한 마음이 들 것이다. '이게 뭐야. 2024년이 원래 목표였는데 끌어당김의 법칙, 이거 안 맞네?'라는 생각은 절대로 하지 않을 것이다. 반면 2025년에 목표가 이뤄진다면 당신은 2024년부터 그 1년간의 시간을 어떻게 보낼 것 같은가? 수없이 자책하거나 좌절하며, 불안하고 초초한 감정에 사로잡혀 보낼 가능성이 매우 크다. **그런데 생각해보자. 2023년이든 2025년이든 오차는 둘 다 정확히 '1년'이다. 사실 2023년도도 틀렸고, 2025년도도 틀렸다. 그러니 2023년에 이뤄진 것에 대해서는 감격하면서, 2025년에 이뤄지는 것은 실패라고 여기**

는 생각은 타당하지 않다.

그 어떤 순간에도
목표는 정확해야 한다

———

물론 여기에는 한 가지 전제가 따른다. '석촌호수'라는 시간의 좌표를 찍으려면 최소한 석촌호수가 어디에 있는지는 대략 알아야 한다. 이는 곧 명확한 목표가 있어야 그에 따른 실행 계획이 나오고, 그것들을 바탕으로 시간의 좌표를 제대로 찍을 수 있다는 말이다. 석촌호수가 서울에 있는지조차 모른다는 것은, 상징적인 큰 목표만 정한 채로 '음, 일단 2024년으로 정해 볼까?' 하고 주먹구구식으로 시간의 좌표를 찍는 것과 똑같다. 앞서 이야기했던 '성수동'은 석촌호수에서 얼마 떨어져 있지 않으므로 작은 오차에 불과하다. 2023년이든 2025년이든 원하는 삶이 당신의 눈앞에 펼쳐질 테니까. 그러나 엉뚱하게 '부산'이나 '제주도'를 찍는다면 어떻게 될까? 그럼 이제 단순한 시간의 오차를 넘어 '삶의 오차'가 발생하고 만다. 2024년이 아니라 어쩌면 2040년에 이뤄질 수도 있다는 말이다. 이뤄진다면 그나마 다행이다. 아마 2040년이 오기 전에 당신은 그 목표를 이미 포기했거나 까마득히 잊은 채 살아갈 것이다.

이렇듯 크나큰 오류를 저지르지 않기 위해서는 원하는 목표와 나아가야 할 방향을 제대로 알아야 한다. 당신은 석촌호수라는 좌표가 서울 송파구, 서울의 동쪽에 있다는 정보를 이미 파악하고 있었다. 그렇기에 무턱대고 아무 지역이나 찍지 않았다. 목표를 정할 때도 마찬가지다. 호기롭게 '뭐, 이때쯤이면 이뤄지겠지' 하고 생각해버리지 말고, 당신의 목표가 정말로 얼마나 명확한지 스스로 확인해야 한다.

목표가 얼마나 명확한가. 이것이 핵심이고 본질이다. 목표가 명확하다면, 그리고 스스로 믿는다면 필연적으로 발생하는 시간의 오차에 절대 흔들리지 않는다. 별것 아닌, 당연히 발생할 수밖에 없는 그 오차 때문에 당신이 그토록 원하는 삶을 버리지 마라.

원하는 곳에 최단거리로 도달하는
끌어당김의 법칙

당신은 '독하다'는 소리를 들어본 적이 있는가? '그래도 이 정도면 최선을 다했다' 하는 정도가 아니라, '나 진짜 독하긴 독하다' 하는 생각을 스스로 했거나 주변에서 "미쳤다!" 혹은 "와, 진짜 독하네…. 저렇게 하는데 잘될 수밖에 없지"와 같은 말을 들어본 적 있는지 떠올려보라. 당신은 분명 간절히 원하는 목표가 있다고 했다. 정말 그토록 원하는 삶이 있는가? 진정 그렇다면, 그것을 그저 꿈으로 남겨두지 않을 방법이 딱 하나 있다. 살면서 딱 한 번만 독해지면 된다. 선천적으로 '독한'

성격이 아니어도, 심지어 독한 성격과는 정반대라고 해도 아무런 상관이 없다. 평생 일곱 번 정도 독해져야 한다면 또 모르겠지만, 인생에서 한 번 정도는 누구나 독해질 수 있다. 딱 한 번이지 않은가.

그러니 죽기 전에 딱 한 번, '끌어당김의 법칙'을 독하게 습관으로 장착해보라. 이는 단순히 좋은 습관에 그치지 않는다. 그야말로 인생을 바꿔주는 습관이다. 당신이 간절히 원하는 '꿈같은 일'을 현실로 만들어준다. 습관화하는 과정을 통해 무의식에 부 혹은 성공 소프트웨어를 새롭게 설치할 수 있다. 이것은 목표 지점까지 최단거리로 당신을 데려다주는 유일한 방법이다.

'정말 그렇게만 하면 내 상상이 현실이 된다고? 효과가 있을까?'

의문을 품는 사람들이 많다는 것을 안다. 지금으로부터 11년 전, 서른 살의 나이에 가진 것 하나 없던(심지어 '평범한 축'에도 끼지 못했던) 내가 바로 그 증거라고 해도, 끌어당김의 법칙을 통해 수많은 억만장자와 조만장자가 탄생했다고 해도, 뇌 과학 연구 결과를 말해도, 사람들은 여전히 잘 믿지 않는다. 그렇게 '믿지 않기로 한 것'이 바로 그 사람의 신념이고, 그 사람의 인생이다. 당신은 그들과 다르다. 그렇지 않은가? 그렇다면 끌어당김의 법칙이 습관으로 장착될 때까지만 독하게 하면 된다. 그 이후로는 딱히 독해질 필요가 없다. 당신에게는 이미 끌어당김의 법칙이 습관으로 자리 잡아 '자동화'되었기 때문에 애쓰지 않아도 된다.

지금부터는 끌어당김에 대한 확신으로 가득 찬 당신을 위해 세부 실행 방법을 인수분해해보려고 한다.

상상을 현실화하는 끌어당김의 10가지 방법

원하는 삶을 현실화하려면 일단 무의식에 새로운 소프트웨어를 설치해야 한다. 설치 방법 4가지, 즉 소리 내어 말하기, 손으로 쓰기, 시각화하기, 감사하기는 이미 살펴보았다. 그런데 나는 여기에 6가지 방법을 추가한다. 내가 스스로 끌어당김 법칙의 '맥시멀리스트'라고 생각하는 이유다. 이렇게 말하면 "그걸 도대체 언제 다 해요?" 하는 반응이 대부분이지만, 사실 습관이 되면 무의식이 '자동화'시키기 때문에 하나도 힘들지 않게 할 수 있다. ✏ 이 코멘트를 쓰고 있는 오늘도 했다.

어쩌면 내가 직장에 다니지 않는 파이어족의 삶을 살고 있기에 이것들을 매일 할 수 있는 게 아니냐고 생각할 수도 있다. 그러나 돌이켜보면 나는 이 모든 방법을 직장인이던 시절부터 해왔다. (심지어 지금의 나는 그때와는 비교도 안 되게 바쁜 시간을 보내고 있지만 단 하루도 끌어당김의 법칙을 건너뛰지 않는다.) 내가 끌어당김의 맥시멀리스트인 이유는 단 하나다. 더 강하게 끌어당기면 그만큼 확실하게 그리고 더욱 빨리 목표가 이루어진다는 것을 알기 때문이다. 상상을 현실화한 모든 순간이 다 그러했다. 투자를 할 때도, 직장 생활을 할 때도, 파이어족이 되었을 때도, 그리고 지금 이 순간에도 마찬가지다. 나는 무의식에 새로 설치한 '부와 성공' 소프트웨어의 강력한 지원을 받으며 경이로운 하루하루를 보내고 있다. 끌어당김의 효과가 내 몸 세포 하나하나에 새겨진 듯 생생하게 느껴지는 그 기분을 당신도 부디 알게 되기를 바란다.

나머지 6가지 방법은 다음과 같다.

첫째, 노트에 목표 적기

일본 최고의 마케팅 컨설턴트 간다 마사노리가 정말 강하게 권하는 방법이다. 그는 노트에 128개의 목표를 적었고, 미국의 한 성공한 기업가는 6,000개의 목표를 적었다고 한다. 내가 '키 마스터 노트'라고 이름을 붙인 나만의 노트에는 현재 총

<u>35개의 목표가 적혀 있다.</u> 원래 29개의 목표가 적혀 있었으나 조금씩 늘어났다. ↳ 지금은 37개로 늘었다.

노트에 인생의 최종 목표 혹은 중장기 목표부터 시작해서 그 목표를 이루기 위한 하위 목표들을 적으면 된다. 그리고 이 목표들과 전혀 관련 없는 다른 종류의 목표 역시 얼마든지 적어도 좋다. 예를 들면, 인생의 최종 목표와 그 하위 목표들은 자산이나 수입과 관련된 경제적인 목표라 할지라도, 커리어나 다른 부분에서 이루고 싶은 목표가 있다면 그것 역시 얼마든지 적어도 좋다는 말이다.

"목표가 너무 많으면 안 되죠?"라고 질문하기도 한다. 당연히 인생에서 가장 중요한 '원하는 삶'이라는 목표는 명확하게 하나여야 하지만, 이를 이루는 과정에서 필연적으로 따라오는 목표의 개수는 얼마든지 많아도 괜찮다. 또한 전혀 다른 종류의 목표라고 할지라도 가장 중요한 목표를 방해하지만 않는다면 얼마든지 노트에 적어도 상관없다.

자, 이제 원하는 것들을 당신만의 노트에 모두 적어보라. 새로운 목표가 떠오를 때마다 얼마든지 추가해도 좋다. 참고로 간다 마사노리의 128개 목표 중에는 "총리가 내 책을 읽고 너무 인상 깊었다며 나에게 전화를 한다"라는 목표도 있다고 한다. 나 역시 직장인 시절엔 '팀장이 되었다', '인사 평가 S등급을 받았다'부터 시작해서 '○○년까지 1억을 모았다', '아파트 투자로 ○○년까지 30억 원을 모았다', '선임 10호봉이 되던 해에 경제적 자유를 이루고 벅찬 마음으로 사직서를 제출했다'와 같은 목표들을 적었다. 이제 어떤 식으로 노트에 목표를 적어나가면 좋을지 감이 잡힐 것이다.

이렇게 적은 다음 하루에 정확히 딱 두 번 읽는 것이 전부다. 아침에 일어나자마자 그리고 잠들기 직전, 목표를 읽어보라. 두 번 읽는 시간을 다 합쳐도 하루 3분이 채 걸리지 않는다. 소리 내서 읽어도 되고, 여의치 않다면 속으로 읽어도 된다. (목표를 적어둔 노트를 항상 지니고 다녀도 좋다.) 그런데 왜 하필 잠에서 막 깨어났을 때와 잠들기 직전에 읽어야 할까? 그때가 무의식으로 향하는 최적의 시간대이기 때문이다. 앞서 무의식에 소프트웨어를 새로 깔기 위해서는 '의식적인' 행위를 통하는 방법밖에는 없다고 강조한 바 있다. 그런데 과거형으로 쓰인 목표를 읽기 시작하는 그 순간부터 당신의 의식은 방해를 하기 시작할 것이다.

'아직 이루어진 것도 아닌데 문장을 과거형으로 쓰는 게 무슨 의미가 있나?'

'너무 큰 목표 아니야? 현실적이지가 않잖아!'

의식이 이러한 생각을 마구 올려 보낸다. 그러니 철통같이 막아서서 방해하는 의식이 비실비실하게 '무장 해제'된 바로 그 순간에 무의식으로 침투해야 한다. 그 최적의 타이밍이 바로 '잠에서 막 깨어났을 때'와 '잠들기 바로 직전'이다. 참고로 내가 적은 35개의 목표 중 10개는 이미 이루어졌다. 현실로 펼쳐진 목표들은 초록색 형광펜으로 줄을 그어놓고 이제 더는 읽지 않는다.

둘째, 목표를 1,000번씩 90일간 말하기

이 방법은 난이도가 가장 높다. 끌어당김의 모든 법칙을 다 해본 입장에서 이야기하자면, '100번씩 100일간 연속으로 목표를 손으로 쓰는 것'과 비슷한 강도거나 그보다 조금 더 어렵다. 나 역시 이 방법을 시작하기 전에는 솔직히 너무하다는 생각이 들었다. 하루에 100번이라면 모를까, 결코 짧지도 않은 문장을 1,000번, 그것도 90일 연속으로 단 하루도 빠뜨리지 않고 말해야 한다니, 솔직히 '사실상 실현 불가능한 방법'이라고 생각했다. 그런데 동시에 이런 생각이 들었다.

'아니, 이걸 하면 인생이 바뀐다는데, 내가 그렇게도 원하는 삶을 살 수만 있다면 천 번이 아니라 만 번이라도 해야지!'

이런 생각이 들자마자 그날 바로 산책을 하며 1,000번씩 말하기를 시작했다. 처음엔 1시간 반 정도 걸리다가 나중에 익숙해지자 1시간 정도면 끝낼 수 있게 되었다. 정확히 90일 뒤, 나는 결국 해냈다. 내 무의식에 부와 성공 소프트웨어는 한층 더 강화되었고, 내 삶도 이렇게 또 한 번 바뀌어갔다. 이 방법을 실행하는 데 돈 한 푼 들지 않고, 엄청난 시간과 에너지도 들어가지 않는다. 매우 어렵거나 복잡하지도 않다. 도대체 하지 않을 이유가 어디에 있단 말인가.

목표를 1,000번씩 90일간 말하는 이유도 습관화를 통해 무의식에 목표를 각인함으로써 새로운 소프트웨어를 설치하기 위함이다. 그런데 왜 100일도 아니고 90일일까? 2009년 '유럽 사회심리학 저널'에 따르면 특정한 행동을 매일 같은 시간에 실행하도록 한 결과, 그 습관이 완전히 자리 잡는 데 평균 12주가 걸렸다. 즉 새로운 습관을 완전히 자기 것으로 만들기 위해서는 최소 3개월은 걸린다는 말이다. 밥 프록터는 그의 강의에서 이렇게 강조한 바 있다.

"무의식을 바꾸기는 쉽지 않다. 며칠, 몇 주 소리 내어 말한다고 해서 무의식이 바뀌지는 않는다. 하루에 1,000번씩 90일 동안은 해야 무의식이 바뀐다. 그렇게 한번 바뀌고 나면, 이제 당신은 당신이 원하는 모습으로 평생 살아가게 된다."

셋째, 아침에 눈 뜨자마자 '선불 감사' 하기

끌어당김의 법칙에서 '감사하기'가 얼마나 중요한지는 앞서 이야기했다. 여기에 하나의 '치트 키'를 더하자면, 아침에 일어나자마자 이렇게 혼잣말을 하는 것이다.

"오늘도 진짜 최고의 하루였다! 너무 감사합니다." → *플러스 에너지를 가장 쉽고 빠르게 채우는 방법*

조금 더 구체적으로 무엇이 감사했는지 이야기해도 좋다. '오늘은 이런 일이 일어났고, 그래서 감사합니다'라고 말하는 식이다. 아직 하루가 본격적으로 시작되기도 전에 그날 하루를 이미 다 경험한 듯한 마음으로 이렇게 감사하면 끌어당김의 효과는 극대화된다. 나는 이 방법을 '나의 무의식을 선발대로 보내서 오늘 하루 펼쳐질 감사한 모든 일을 미리 경험하게 하는 것'이라고 표현한다. 눈 뜨자마자 감사하는 마음을 갖고 아주 작은 소리로라도 표현하면, 이전과는 완전히 다른 종류의 에너지로 하루를 시작할 수 있다. 비록 온몸에 전율이 오는 그런 극적인 느낌은 아니지만, 긍정의 '플러스 에너지'가 채워진다. 나 역시 그렇게 시작한 하루는 대부분 좋은 결과가 따라왔다.

매일 아침, 거의 대부분의 사람들이 미간을 찡그리며 힘겹게 이불 밖으로 나오곤 한다. 너무 피곤해 조금이라도 더 자고 싶고, 때로는 그냥 출근하기 싫기도 하고, 때로는 오늘이 월요

일이라는 사실을 깨닫고 절망하기도 한다. 이런 수만 가지 이유로 기분 좋게 아침을 맞이하기가 사실 생각보다 엄청나게 힘들다. 그런데 생각해보라. 우리가 무언가를 가지고 싶을 때 '선불'로 돈을 내고 나중에 원하는 것을 얻는다. 왜 '감사한 결과'에 대해서는 그렇게 생각하지 않는가? 감사한 결과를 가지고 싶다면, 선불로 감사해보자. 그리고 그 감사한 결과를 당신 두 손에 받아 들어라.

넷째, 나 자신과 '하이파이브' 하기

지금부터 아주 의외의 사람과 '하이파이브'를 하게 될 것이다. 아마 한 번도 해본 적이 없을지도 모른다. 바로 '자기 자신'과의 하이파이브다. 방법은 간단하다. 거울 앞에 서서(조금 민망하다면 욕실 거울 앞에서) 하이파이브를 하면 된다. 가만히 거울 앞에 서서 거울 속 당신의 두 눈을 쳐다보는 그 순간 굉장히 기묘한 느낌이 들 것이다. 우리는 하루에도 수십 번씩 거울로 자기 자신을 본다고 생각하지만 '제대로' 본 적은 한 번도 없다. 더욱이 거울 속 자신을 '또 다른 나' 혹은 '나의 무의식'이라고 생각하고 바라본 적은 더더욱 없을 것이다.

자, 이제 거울 속 당신에게 격려와 응원의 말과 함께 하이파이브를 해보자. 해보기도 전에 민망하다고? 처음에는 나도 손

발이 '오그라드는' 느낌이었다. 그런데 무슨 상관인가? 어차피 욕실 문 잠그고 나 혼자 있는데 말이다. 처음 나와 하이파이브를 했던 그날의 느낌을 아직도 잊을 수 없다. 거울 속의 나와 손이 맞닿는 순간, 왼쪽 뒤통수에서 전기가 오는 듯한 찌릿한 느낌이 실제로 강하게 들었다. 이건 나 혼자만의 경험이 아니 ⟶ 이때의 느낌은 아직도 생생하다. 다. 이 방법을 해본 많은 사람들이 비슷한 느낌을 받았다고 전해왔다.

당신은 언제, 누구와 하이파이브를 하는가? 보통은 축하할 일이 있을 때, 기분 좋은 일이 생겼을 때, 긍정적인 에너지를 상대방에게 줘야 할 때, 응원해줄 때 '다른 사람'과 하이파이브를 한다. 그 순간 당신에게도 긍정적인 에너지가 발산된다. 하이파이브는 두 사람의 긍정적인 에너지를 공유하는 행위이기 때문이다. 자기 자신과 하는 하이파이브의 효과도 똑같다. 스스로가 스스로에게 긍정의 에너지를 불어넣어준다. 이를 실행하는 데 걸리는 시간은 대략 30초 미만이다.

다섯째, '작은 끌어당김' 경험하기

말하고, 쓰고, 상상으로 시각화하는 목표는 보통 '중장기 목표'다. 중장기 목표는 당연히 이뤄지기까지 어느 정도의 시간이 걸릴 수밖에 없다. 끌어당김의 효과를 가까운 시일 내에 느끼고 싶다면, '작은 끌어당김'이 도움이 된다. '작은 끌어당김' 이란, 다음과 같이 일상에서 굉장히 작고 소소한 일들을 상상으로 시각화하는 방법이다.

- 평소 절대 자리가 나지 않는 주차장에, 오늘은 내 자리가 정확히 딱 한 자리 남아 있다.
- 나는 오늘 빨간색 우체통을 본다.
- 오늘 나에게 작지만 좋은 일이 생겼고, 지인 A가 나에게 축하 문자를 보낸다.

이렇게 아주 작은 일들을 상상으로 시각화한 후 실제 눈앞에 펼쳐지는 것을 경험해보기 바란다. 이 방법은 2가지 효과가 있다. 먼저, 작은 끌어당김을 일상에서 경험함으로써 끌어당김 자체에 강한 확신을 가질 수 있다. 다음으로는 일상에서 작은 끌어당김을 자주 시도하다 보면 엄청나게 애쓰지 않고도 '끌어당김의 법칙'을 자연스럽게 습관으로 만들 수 있다는 점이다.

여섯째, 이불 정리하기

별것 아닌 이 방법이 몇 해 전 미국에서 큰 이슈가 된 바 있다. 미국 전 해군 대장인 윌리엄 맥레이븐이 텍사스대학교 졸

212

업식 축사에서 "인생을 바꾸고 싶다면 아침에 일어나서 이불 정리부터 똑바로 하라"라고 했던 말이 미국 전역에서 화제가 되었다. 이러한 내용을 담은 그의 저서 『침대부터 정리하라』(열린책들, 2022)는 우리나라에도 번역 출간되었다.

침대 정리는 매우 사소한 일이다. 그런데 이 작은 습관의 아주 큰 장점 2가지를 꼭 강조하고 싶다. 첫째, 성공을 '습관'으로 만들어 '자동화'하기에 이보다 좋은 방법이 없다. 침대 정리는 최대한 손쉬운 일로 최대한 많은 성공을 경험할 수 있도록 해주는 좋은 방법이다. 앞서 이야기했듯이 침대 정리는 아주 사소한 일이지만, 아이러니하게도 1년 365일간 단 하루도 빠지지 않고 아침에 이불 정리를 하기는 절대로 쉽지 않다. 만약 당신이 1년 중 절반만 침대 정리에 성공했다고 해보자. 그렇더라도 180여 번의 작은 성공을 한 것이나 다름없다. 1년 내내 성공했다면 무려 365번의 성공을 경험하는 셈이다.

우리는 보통 어제와 비슷한 오늘을 살고, 지난주와 크게 다를 것 없는 이번 주를 산다. 별다른 일이 없으니 당연히 성공하는 일도 없다. 이 말은 성공 자체를 경험할 기회가 너무 적다는 것이다. 그런데 '성공도 습관'이라는 말이 있다. 손대는 것마다 승승장구하는 사람은 그냥 운이 좋아서 그렇게 된 것이 아니라, 이미 '성공하는 습관'이 몸에 배었기 때문에 또다시 성공하는 것뿐이다. 이제 침대 정리라는 아주 사소한 습관을 통해 성공을 반복적으로 경험해보자.

둘째, 스스로를 격려할 수 있다. 우리는 평소 많은 이들에게 격려를 건네지만, 정작 스스로는 격려하지 않는다. 특별히 한 것도 없는 듯한데 시간만 훅 가버린, 고단한 하루를 마치고 집으로 돌아오는 당신을 상상해보라. 그때 깔끔하게 정리되어 있는 침대를 본다면 당신은 이런 생각을 할 것이다.

'그래도 내가 오늘 하루, 이거 하나는 성공했구나. 아침에 그렇게 정신없었는데도 정리를 잘 해놓고 나갔네.'

바로 그 순간, 스스로를 마음껏 격려해주어도 좋다. 긍정의 에너지가 내면 가득 차오를 것이다.

하루라도 빨리 눈치채고 실행하면 원하는 삶이 끌려와 현실로 나타난다

드디어 이 책에 끌어당김의 모든 법칙을 풀어놓았다. 정리하면 다음과 같다.

① 목표를 소리 내어 하루 100번씩 말하기

② 손으로 하루 100번씩 100일간 쓰기

③ 상상으로 시각화하기

④ 감사하기

⑤ 노트에 목표를 적고 취침 전후로 읽어보기

⑥ 1,000번씩 90일간 말하기

⑦ '선불 감사' 하기

⑧ '셀프 하이파이브' 하기

⑨ 작은 끌어당김 경험하기

⑩ 아침에 일어나서 이불 정리하기

이 모든 방법은 단 한 개도 예외 없이 전부 내가 직접 해본 방법이다. 100번씩 100일간 쓰기와 1,000번씩 90일간 말하기는 몇 해 전 성공한 후 지금은 하지 않는다. 나머지 8가지 방법은 여전히 매일 하고 있다. 이외에도 많은 방법을 해봤지만, 실제로 효과가 좋았던 방법들만 소개했다. 이 중에서 우선 하나부터 시도해봐도 좋다. 손으로 써보는 것이 처음 시작하기에 가장 적합하지만, 이에 얽매일 필요는 없다. **끌어당김의 법칙을 실천하는 데 특별한 규칙이 있는 것은 아니다. 원하는 삶을 살기 위해, 무의식에 부와 성공의 소프트웨어를 새롭게 설치하기 위해 이 방법들을 따르는 것이므로 '방법론'에 집착하지 않**

아도 된다. 왠지 가장 효과가 있을 것 같은 방법, 자신에게 제일 잘 맞을 것 같거나 가장 먼저 해보고 싶은 방법을 선택해도 상관없다. 또한 조금 더 강하게 끌어당기고 싶다면 여러 방법을 동시에 시도해도 된다. 다만 '그나마 이게 제일 쉬울 것 같아서'라는 이유로 선택한 방법은 아무리 열심히 해도 효과가 없다.

여전히 '이걸로 내 인생이 바뀐다고?'라는 의구심이 드는 사람이 있을 것이다. 성공한 기업가이자 작가, 자기계발계의 대가인 밥 프록터의 말로 대신 답하겠다.

"끌어당김의 법칙이 이해가 가지 않는다고 믿지 않을 필요는 없다. 당신은 전기를 이해하지 못할 수 있지만 전기의 혜택을 누린다. 나도 도무지 전기가 어떻게 만들어지고 작동하는지 여전히 이해할 수 없지만, 전기로 저녁을 만들 수 있다는 건 알고 있다."

당신도 전기를 사용하라.

아무런 노력 없이
무의식을 바꿀 수 있다

"너무나 힘듭니다. 월요일 아침, 눈을 딱 뜨는 순간에 짜증부터 몰려오고요. 출근하면서 지하철을 탈 때 누가 밀치거나, 길을 걸을 때 앞사람의 걸음이 느리거나, 차를 운전할 때 매너 없는 운전자를 만날 때도 순간적으로 부정적인 감정이 확 치고 올라옵니다. 그럴 때면 긍정적인 마음으로 쌓아 올린 탑이 한순간에 무너져버리는 느낌이 들어요. '마인드 컨트롤'이 생각보다 힘드네요. 이럴 땐 어떻게 해야 할까요? 어떤 마인드가 필요할까요?"

주식, 부동산 등 돈 버는 방법을 구체적으로 익히기 전에 '마인드'를 바꾸는 것이 대전제다. 그런데 마인드를 바꿔보겠다고 의지를 아무리 다져봐도 막상 마음대로 되지 않아 어려워하는 분들이 많다. 긍정적인 마음 자체가 생기질 않으니 끌어당김의 법칙, 무의식의 소프트웨어를 갈아 끼우기가 제대로 될 리 없다.

이럴 때 활용해볼 수 있는 좋은 방법이 있다. 아주 사소한 몇 가지 행동을 통해 자연스럽게 긍정의 에너지를 유지하고, 심지어 증폭시킬 수도 있는 방법이다. 미리 말해주지만 이 방법을 따르는 데는 아무런 노력도 필요 없고, 이를 위해 시간을 따로 낼 필요조차 없다. 어쩌면 너무 사소해서 '이게 뭐야!' 하는 생각이 들지도 모르겠다. 그러나 효과만큼은 절대로 사소하지 않으니, 눈여겨보길 바란다.

긍정적인 에너지는 광활한 대자연이나 로맨틱한 여행지에서나 얻을 수 있는 게 아니다. 일상 속 사소하고 어찌 보면 하찮게 느껴지는 당신의 행동을 통해서도 얼마든지 커다란 에너지를 얻을 수 있다.

아주 작은 노력으로
커다란 운을 끌어당기는 몇 가지 방법

첫째, 경적을 누르지 않는다

아무 노력 없이 마인드를 바꾸는 첫 번째 방법은 운전하면서 경적을 누르고 싶은 바로 그 순간, 경적을 울리지 않는 것이다. 생각해보니 나는 운전하면서 경적을 울리지 않은 지 벌써 몇 년 된 듯하다. 안전을 위해 꼭 필요한 순간은 예외이지만, 신기하게도 경적을 누르지 않겠다고 마음먹은 순간부터 지금까지 그런 위험한 상황에 놓인 적도 없었다. 지금은 경적을 누르지 않는 것이 오히려 익숙하지만, 과거의 나는 그렇지 않았다. 습관적이면서 신경질적으로 '빵빵거리며' 경적을 눌러대는 '경적 마니아'였다. '짜증 소울이 담긴' 경적이 어떤 느낌인지, 운전을 해본 사람이라면 다 알 것이다.

이와 관련한 에피소드가 있다. 직장 생활로 인해 육체적·정신적으로 피폐한 생활을 하던 7~8년 전 어느 날의 일이다. 평소에는 구내식당에서 점심을 대충 때우고 책상에 쓰러지듯 엎드려 부족한 잠을 청하곤 했지만, 그날은 맛있는 음식을 같이 먹자는 선배들의 성화에 못 이겨 회사 밖으로 나가게 되었다. 15분 정도 걸리는 음식점까지 내 차로 함께 이동했다. 음식점

바로 앞 골목까지 다 왔는데 1톤 트럭이 길을 막고 있는 게 아니는가. 신경이 곤두선 나는 그날도 여지없이 '빵' 하고 크고 긴 경적을 여러 번 눌러댔다. 그러자 옆에 탄 동료가 조금은 안타까운 표정으로 나에게 이런 말을 건넸다.

"너 요새 진짜 많이 힘들구나. 저분도 지금 출근해서 일하는 중이야. 너무 그러지 마."

동료의 그 말을 듣는 순간, 마치 다른 차원으로 방금 이동해 온 사람처럼 정신이 번쩍 들었다. 그렇다. 그때의 나는 매일 엄청난 과로로 인해 부정적인 에너지에 압도된 채 하루하루를 보내고 있었다. 그렇게 부정적인 에너지를 담아서 경적을 눌러댔으니, 내 안의 부정적 에너지를 내가 거대하게 키우고 있었던 셈이다. 내 짜증은 여기서 그치지 않았다. 마음에 조금의 여유도 없던 과거의 나는 과속 방지턱을 시속 10킬로미터 정도로 느리게 넘는 차들을 도무지 이해할 수 없었다. '굳이 저 정도로 느리게 과속 방지턱을 넘는 이유는 뭐지? 차를 정말 너무너무 아끼는 건가?' 하며 답답함을 참지 못하고 또다시 경적을 울려댔다. 특히 바쁠 때 차선 변경도 할 수 없는 1차선 도로에서 그런 차를 만나면 그야말로 속에서 천불이 났다. 그런데 훗날 태어난 지 갓 3일 된 내 아이를 뒷좌석에 태우고 운전을 하면서, 그제야 왜 시속 10킬로미터로 과속 방지턱을 넘을 수밖에 없는지 그 이유를 깨닫게 되었다. 각자 저마다의 사정이 있다. 이를 다 알지도 못하면서 누군가를 '이해할 수 없는 사람'으로 치부하면 안 된다. 나는 이 평범한 진리를 몇몇 경험을 통해 뒤늦게 깨달았다.

어느덧 경적을 누르지 않고 운전한 지 몇 년이 지났다. 그런데 무척 신기한 일이 있다. **과거에 그토록 경적을 누르며 돌아다닐 때는 정말 시도 때도 없이 경적 울릴 일이 눈앞에 나타나곤 했는데, 지금은 몇 년간 그런 상황 자체가 사라진 것이다.** 분명히 나는 같은 사람이고 같은 차를 타며 같은 길을 운전하는데, 어째서 내 앞에 펼쳐지는 교통 상황이 이토록 달라졌다는 말인가? 내가 보는 대로 세상이 보인다. 어쩌면 내가 세상을 만들어가는지도 모른다.

운전을 하다 보면 경적을 울리고 싶은 상황이 수시로 눈앞에 펼쳐진다. 그럴 때 '그럴 만한 이유가 있겠지'라고 생각하면, 스스로에 대한 뿌듯함과 긍정적 에너지가 마구 솟아날 것이다. 사실 경적을 누르는 행위는 자신을 향해 '짜증 버튼'을 누르는 것이나 다름없다. 경적을 누르는 그 순간, 가장 짜증 나는 사람은 누구겠는가? 바로 당신이다. 그 버튼을 누를 때마다 부정적 에너지가 급격히 치솟는 것을 누구나 한 번쯤 느껴봤을 것이다. 일단 딱 일주일만 경적을 울리지 말기를 권한다. '별다른 노력 없이도 긍정적 에너지를 얻을 수 있구나' 하는 생각이 저절로 들 것이다.

둘째, '컴플레인' 하지 않는다

식당이나 가게를 이용하다가 '컴플레인'을 하게 될 때가 있다. 예를 들어 음식 배달을 시켰는데 엉뚱한 메뉴가 왔다든가, 미리 '벨을 누르지 말아달라'라고 부탁했는데 이를 확인하지 않고 벨을 누른다든가 하는 식의 크고 작은 일들이 일어나기 마련이다. '컴플레인'을 제기하면 보통 그 상황이 해결되기는 한다. 사장님에게 사과도 받을 수 있다. 그런데 내 경험상 실수로 인한 일이라면 불평을 쏟아내지 않고 그냥 넘어갈 때가 훨씬 마음 편하고 기분이 좋았다.

나는 컴플레인 또한 자동차 경적과 같다는 결론을 내렸다. 컴플레인 자체가 부정적 에너지를 증폭시키는 '불만 버튼'을 누르는 것이나 다름없다는 말이다. 식당에서 컴플레인을 열심히 하고 나면 분명 상황은 해결되겠지만, 그런 뒤에는 씁쓸한 기분이 되어 입맛마저 떨어진다. 반면에 '나만 실수하면서 사는 게 아니었어' 하며 너그러운 마음으로 이해하고 넘어가면 신기하게도 기분 좋고 만족스러운 식사를 할 수 있었다.

혹시 컴플레인을 할 때 마치 힘없는 토끼를 사냥하는 호랑이라도 된 것처럼 불만을 표출하지는 않았는가? 그러는 대신 상황을 기분 좋게 웃어넘겨보자. 그런 자신을 인식하는 순간, 마음에 뿌듯함이 차오른다. 이와 관련해 『운을 읽는 변호사』(알투스, 2023)의 저자 니시나카 쓰토무는 50년간 무려 1만 명의 의뢰인들을 만나며 '다툼을 피하는 것이 운을 지키는 비결'이라는 사실을 깨달았다고 고백한다. 심지어 타인을 너무 몰아붙이면 스스로 악운을 부르게 된다는 점을 재차 강조한다. '컴플레인하지 않기'는 별다른 시간과 노력 없이도 당신의 긍정적 에너지를 통해 운을 불러들이는 좋은 방법이다.

셋째, 개미를 밟지 않는다 → 허접해 보이는가? 절대로 그렇지 않다.

'개미를 밟지 않는다'라는 말에 '피식' 웃음이 났을 수도 있다. 그런데 이 방법 역시 내가 이 책을 통해 꼭 전하고 싶었던 내용이다. 나는 오랫동안 안경을 쓰지 않았다. 시력이 좋지 않다는 사실을 인지하고 안경을 쓴 뒤부터 깨닫게 된 사실이 하나 있다. 길에는 생각보다 개미들이 많다는 점이다. 지금껏 개미를 밟고 다녔을지도 모른다고 생각하니 뭔가 께름칙한 기분이 들었다. 그때부터는 의식적으로 개미를 밟지 않기 위해 지그재그로 걷기도 하고, 훌쩍 건너뛰기도 하는 등 약간 우스꽝스럽게 걷기 시작했다. 그런데 신기하게도 그렇게 바보같이 걷는 내 모습에 왠지 모르게 기분이 좋아졌다. 사소하고 별것 아닌 행동이지만 스스로에게 약간의 뿌듯함과 대견함이 느껴지기까지 했다. 확실히 '좋은 기분'이 내면에 가득 찼다.

이처럼 작은 생물에게 베푸는 소소한 여유로 긍정적 에너지를 일깨워보자. 이것 역시 엄청난 노력이나 에너지가 드는 일이 아니니까.

아주 작은 변화가 불러오는
커다란 결과를 느껴라

지금까지 일상에서 별다른 노력 없이도 긍정적 에너지를 끌어당길 수 있는 방법을 알아보았다. 무엇보다도 당신의 기분을 늘 좋은 상태로 유지하는 방법이 무엇인지 생각해보길 바란다. 마음에 드는 단골 카페에서 커피 한 잔을 마실 때인지, 선선한 공기를 맞으며 산책로를 걷는 시간인지, 온몸이 땀에 흠뻑 젖을 정도로 격렬한 운동을 한 뒤 샤워하며 상쾌함을 느낄 때인지 말이다. 사실 어떻게 하면 기분이 좋아지는지에 대해서는 당신 스스로가 가장 잘 알고 있다. 그런데 이게 부를 이루고 원하는 삶을 현실화하는 것과 도대체 무슨 관련이 있을까? '끌어당김의 법칙'은 거울과 같아서, 현재 당신의 기분, 에너지 상태와 똑같은 것들을 그대로 끌어당긴다. 별것 아닌 아주 사소한 행동이 기분 좋은 감정을, 그리고 기분 좋은 감정은 양질의 좋은 에너지를, 좋은 에너지는 좋은 에너지를 지닌 결과를 그대로 끌어당기게 된다.

물론 이렇듯 작은 행동의 변화로 당신의 마인드와 잠재의식이 바로 다음 날 바뀌는 것은 아니다. 그러나 돈도, 노력도, 시간도 들지 않는 아주 사소한 변화가 불러오는 감정, 행동, 태도, 결과의 연쇄적인 변화를 절대로 과소평가하지 마라. 하루, 이틀, 그리고 몇 달이 지날수록 생각지도 못했던 삶의 변화를 피부로 체감하게 될 것이다. 모든 위대한 일은 전부 하찮게 시작되었음을 잊지 말자.

무의식의 시그널은
불꽃놀이처럼 다가온다

『노잉』(오월구일, 2023)의 저자 안도 미후유는 무의식과 관련해 굉장히 독특하면서도 번뜩이는 통찰력을 지닌 사람이다. 그는 후대에 길이 남을 명작을 남긴 예술가들은 희한할 정도로 똑같은 공통점이 하나 있음을 발견했다. 그들은 하나같이 마치 처음부터 완성될 작품의 전체 모습을 안다는 듯이 너무나 자연스럽게 작품을 만들어냈다. 엄청난 고뇌와 고통스러운 창작 과정을 거쳐야 할 것 같지만 오히려 원래 어딘가에 존재하는 작품을 '다운로드'받듯이 매우 수월하게 창작해냈다. 그중 가장 대표적인 인물이 바로 모차르트이다. 그는 "나는 어딘가에서 들려오는 멜로디를 그저 악보에 옮겨놓았을 뿐이다"라는 유명한 말을 남긴 바 있는데, 실제로 그의 악보에는 수정한 흔적이 전혀 발견되지 않았다.

비단 모차르트뿐만이 아니다. 비틀스의 멤버였던 폴 매카트니는 어느 날 밤, 꿈속에서 너무나 좋은 노래를 들었다. 그 멜로디가 너무 아름다워서 잠에서 깬 뒤에도 또렷하게 기억에 남을 정도였다. 그는 당연히 언젠가 자신이 무심코 들었던 곡이라 생각했기에, 그 꿈을 꾼 이후 한동안 만나는 사람마다 그 멜로디를 들려주며 이 곡의 제목이 무엇이냐고 물었다. 그런데 이상하게도 단 한 명도 그 멜로디를 아는 사람이 없었다. 그제야 그는 이 멜로디가 아직 세상에 존재하는 곡이 아니라는 사실을 깨닫고 그대로 악보에 옮겨 앨범으로 발매했다. 이 곡이 바로 비틀스의 명곡 〈예스터데이〉다. 모차르트와 비틀스라는 두 명의 예술가는 전혀 다른 시대를 살았지만 정확히 똑같은 방식으로 명곡을 만들어냈다. 이들은 머릿속에서 별안간 떠오른 그 신호들을 그저 '잡념' 취급하며 흘려보내지 않았고, 그 시그널을 잡아냈다. 무의식이 보내는 신호를 알아차렸던 것이다. 만약 이들이 어디선가 들려오는 멜로디를 그저 '잡생각'이라며 무시해버렸다면 이들의 명곡은 세상에 존재하지 않았을 것이다.

비단 유명한 예술가들에게만 이러한 일이 일어나는 것은 아니다. 지금 이 순간, 당신에게도 인생을 바꿀 보석 같은 시그널이 오고 있지만 그냥 흘려보내고 있는지도 모른다.

무의식이 보내는 시그널을
절대 놓치지 마라

인간은 하루에 보통 5~8만 개의 생각을 하지만 그중 겨우 5%만 '의식'적인 생각이라고 했다. 나머지 95%는 우리가 미처 인식하지도 못한 채로 사라져버린다. 계산상의 편의를 위해 하루에 5만 개의 생각들이 떠오른다고 가정해보면, 당신은 오늘도 그중 95%에 해당하는 47,500개의 생각을 그저 '잡생각' 취급하며 버렸다. 이렇게 열흘이면 47만 개, 100일이면 470만 개, 30년이면 약 5억 개의 생각이 아무 의미 없이 계속해서 버려진다. 이렇게 버려지는 생각에서 번쩍이는 영감을 얻고 싶지 않은가?

모차르트나 폴 매카트니처럼 나도 무의식이 보내오는 시그널을 잡아내고 제대로 활용한 경험이 몇 번 있다. 부동산 투자를 하던 시절, 여느 날과 다름없이 출근길에 운전을 하는데 정말 뜬금없이 평소 아예 관심조차 없었던 지역에 임장을 가보고 싶다는 생각이 들었다. 더 나아가 왠지 그 지역의 아파트를 사지 않으면 안 될 것 같다는 느낌마저 강하게 들었다. 사실 그 지역은 단순히 관심이 없던 정도를 넘어, 예전에는 '꽹장히 별로'라고 생각했던 곳이기에 꽤나 당황스러웠던 기억이 난다. 그런데 그때의 나는 그 느낌을 '잡념' 혹은 '쓸데없는 생각'이라며 무시하지 않았다. 도대체 왜 그랬는지 지금도 말로 설명할 수는 없지만 '왠지 그렇게 해야 할 것만 같은' 느낌 그대로 행동했다. 그때부터 평일엔 인터넷으로 그 지역에 대한 조사를 하고, 주말엔 직접 임장을 다녔다.

그렇게 한 달 가까이 해당 지역을 샅샅이 공부하고 직접 임장해보고 나서야 나는 왜 그 지역의 부동산을 사야 할 것 같았는지, 그러니까 무의식이 왜 그런 시그널을 보냈는지 알 것 같았다. 내가 알아본 아파트는 주변 단지들에 비해 가격이 낮았는데, 위치상 가장 끝의 모서리에 위치해 있다는 게 그 이유였다. 중심부 상권과 거리가 멀다 보니 가격이 낮을 수밖에 없었다. 그런데 눈여겨봐야 할 2가지 포인트가 있었다. 그 지역에 조만간 백화점이 들어올 예정이었는데, 백화점의 위치가 내가 알아본 바로 그 아파트 단지와 가장 가까웠다. 또한 그때까지만 해도 맨 끝에 위치한 해당 아파트 단지의 특성상 주변이 모두 허허벌판이었는데, 3년 뒤 바로 옆에 대규모 아파트 단지가 조성될 예정이었다. 그 단지들이 지어지고 나면 지금은 맨 끝에 있는 이 아파트의 위치가 가장 중심에 자리하게 된다.

그런데도 이 아파트의 가격은 왜 이리 낮았을까? 많은 사람들이 이런 개발 계획을 알지 못했던 걸까? 아마 대부분 알고 있었을 것이다. 다만, 아직 가격에 반영되기 '직전'이었을 뿐이다. 나는 이 아파트가 '저가치'가 아닌 '저평가'된 상태라고 결론을 내렸고 망설임 없이 투자했다. 그리고 이렇게 투자한 아파트는 그전까지 투자했던 그 어떤 곳보다 가장 높은 수익률을 안겨주었다.

미국 주식 투자 역시 마찬가지다. 미국 주식은 나와는 아무 상관없어 보였다. 그런데 어느 날 갑자기 '해야 할 것 같은' 시그널을 감지한 후 시작하게 됐고, 그때부터 평생 찾을 일 없던 외국 금융 사이트들을 뒤져가며 공부한 끝에 좋은 결과를 얻을 수 있었다.

혹시 당신도 이와 비슷한 일을 겪은 적이 있는가? 왠지 그래야 할 것 같은 느낌, 즉 무의식의 시그널을 알아차리고 뜻밖의 좋은 결과를 얻었던 적 말이다. 매일 그냥 버려지는 무의식 중 단 0.01%, 약 5개의 생각만 잡아두어도 인생은 말도 안 되게 바뀐다. 무의식이 보내는 시그널을 절대로 놓쳐서는 안 되는 이유다.

불꽃놀이와 같은 무의식을
포착하는 가장 좋은 방법

———

나는 무의식이 보내는 시그널을 '불꽃놀이'와 같다고 표현한다. 불꽃놀이에서 불꽃은 펑 하고 터지는 그 순간 아주 명징하게 보인다. 그런데 몇 초만 지나면 언제 그토록 크고 화려한 불꽃이 존재했나 싶을 정도로 온통 어두운 밤하늘뿐이다. 무의식이 보내는 신호도 이와 똑같다. 어느 순간 갑자기 강하게 확 떠오르지만, 스마트폰 문자를 확인하는 사이, 옆 사람과 간단한 대화를 주고받는 사이, 그 찰나의 순간 그 시그널은 흔적도 없이 사라져버린다. 무의식이 보내는 시그널은 주로 산책이나 운동, 샤워를 할 때처럼 뇌가 이완된 상태에서(즉 알파파가 활성화되어 있을 때) 강하게 느껴지곤 한다.

그렇다면 어떻게 불꽃놀이처럼 터졌다가 바로 사라져버리는 무의식의 시그널을 포착할 수 있을까? 방법은 매우 간단하다. 화려한 불꽃이 터지는 순간을 스마트폰으로 찍어서 사진으로 저장하듯, 당신도 무의식이 시그널을 딱 올려 보내는 순간을 어떠한 형태로든 '캡처'해놓으면 된다. 즉, 그 순간을 기록하라는 말이다. 여러 방법 중에서 스마트폰 메모장에 적어놓는 방식이 사실 가장 편하다. 그럴 만한 여유가 없다면 급한 대로 키워드 몇 단어라도 적는 것이 도움이 된다. 만약 운전할 때와 같이 메모를 할 수 없는 상황이라면 스마트폰에 있는 '녹음' 기능을 활용하자. 나는 샤워할 때조차 좋은 생각이 갑자기 떠오르면 바로 스마트폰에 단어 하나라도 적어놓고 다시 샤워를 한다. 이렇듯 약간의 번거로움을 감수하면 '평소의 나라면 절대할 수 없었을 생각'을 저장해놓을 수 있다. 그간의 경험을 돌아보면 이렇게 저장된 생각들은 시간이 지나 내 삶에 엄청난 영향을 미쳤다.

군이 이렇게까지 하는 이유는 과거 치명적인 실패 경험이 많았기 때문이다. 언젠가 샤워를 하는 도중 좋은 아이디어가, 그것도 정말 강하게 떠오른 적이 있었다. 나는 '아, 이 정도로 확실하게 떠올랐으면 이건 까먹고 싶어도 까먹을 수가 없다. 샤워 다 하고 차분히 앉아서 적어봐야지' 하고 마저 샤워를 했다. 안타깝게도 욕실에서 미처 나오기도 전에 방금 전 명징하게 떠올랐던 그 생각은 흔적도 없이 사라져버렸다. 샤워를 끝낸 뒤 드라이기로 머리를 말리는 사이, 그 짧은 시간에 말이다.

내겐 이런 경험이 너무 많았다. 그때마다 정말 아깝고 아쉬운 마음을 감출 수가 없었다. 생각이 다 지나가고 나서 '아까 그게 무슨 생각이었지?' 하고 아무리 떠올리려 애써도 절대로 다시 생각나지 않는다. 내일, 이틀 뒤, 아니면 1년 뒤라도 다시 떠오르기만 한다면 참 좋겠지만 그런 일은 거의 없다.

그래서 나는 어떤 상황에서든 기록을 남기려고 애쓴다. 운전을 하다가 좋은 생각이 떠오르면 신호 대기 중인 틈을 타서 잠깐 녹음을 해둔다. 무의식의 시그널을 잡아두고 싶다면 이렇게라도 기록을 남겨야 한다. 이것이 바로 무의식이 아무 때나 올려 보내는 하루 47,500개의 생각 중에서 '결정적인 그 생각'을 잡아내는 유일한 방법이다. 당신의 목표에, 당신 삶의 방향에 힘을 실어주는 바로 그 '불꽃'을 절대 놓치지 말자.

주머니 속 '비전 보드'로
원하는 미래를 현실화하라

앞서 『시크릿』의 주인공 존 아사라프가 만들었던 '비전 보드'에 대해 이야기했는데, 비전 보드를 만드는 방법은 간단하다. 집 안의 눈에 잘 띄는 곳에 아크릴판 같은 '보드'를 걸어둔

다음 거기에 원하는 미래의 모습, 갖고 싶은 것, 되고 싶은 자신의 모습 등을 사진으로 출력해 붙여놓고 수시로 보면 된다. 그렇게 하는 이유는, 실제 사진을 보면 원하는 삶의 이미지를 시각화하기가 훨씬 더 수월하기 때문이다. 더 쉽게 상상할 수 있을 뿐만 아니라 굉장히 생생하게 시각화할 수 있다. 그런데 이것은 조금 오래된 방법인 데다가 내가 '집에 있을 때만' 볼 수 있다는 단점이 있다.

그 대신 나는 이른바 '모바일 비전 보드'를 만들어 어디서든 지니고 다닌다. 지금도 나는 스마트폰과 태블릿 PC, 노트북을 모두 연동해서 '모바일 비전 보드'를 쓰고 있다. 만드는 방법을 설명할 필요가 없을 정도로 매우 간단하다. 그냥 스마트폰에 '사진' 폴더 하나를 만들고, 폴더명을 '2030년의 내 일상', '2025년의 나'와 같이 당신의 '목표 연도'를 넣어 이름을 붙여보라. 그리고 평소 인터넷 서핑을 하면서 당신이 원하는 것, 혹은 되고 싶은 모습의 사진이나 그림을 발견하면 해당 사진 폴더에 저장한다. 그렇게 발견할 때마다 캡처해두고, 앨범에 차곡차곡 담아두면 끝이다. 여기에 더해, 원하는 목표와 관련된 사진을 스마트폰 배경화면으로 설정해놓으면 자연스럽게 하루 수백 번씩 사진을 볼 수 있다. (그럼 당연히 원하는 삶을 여러 번 떠올리게 될 것이다.)

경제적 자유를 이루고 파이어족이 된 내 모습을 꿈꾸던 직장인 시절의 나는, '하고 싶은 일을 마음껏 하며 살아가는 내 모습'을 배경화면으로 설정해놓았다. 원하는 금액이 적혀 있는 통장 계좌 사진을 스마트폰 배경화면으로, 평일 오후 가족과 산책하는 모습을 태블릿 PC 배경화면으로, 멋진 유튜브 스튜디오 사진을 노트북 배경화면으로 각각 설정해놓았다. 정말 모든 기기를 통해 하루에도 수백 번씩 미래의 내 삶을 '미리 보기' 한 셈이다. 그리고 이 모든 것은 현재 내 일상이 되었다. 100% 이루어진 것이다.

오늘부터는 당신도 한번 해보길 강하게 권한다. 살고 싶은 지역의 사진, 원하는 집의 사진, 회사에서 승승장구하는 모습, 바라는 만큼의 부를 이룬 모습…. 무엇이든 배경화면으로 삼으면 된다. 이때 당신의 무의식은 이 사진들이 당신이 직접 찍은 것인지 '구글'에서 구한 사진인지 판단하지 않는다. 오히려 당신이 그 이미지들에 부합하는 삶을 살아갈 수 있도록 도움이 되는 각종 생각을 시도 때도 없이 띄워 올릴 것이다. 마치 밤하늘을 아름답게 수놓는 그 불꽃들처럼 말이다. 원하는 삶을 보다 빠르고 정확하게 현실화하길 바란다면, 무의식이 보내는 엄청난 힌트들을 놓치지 말고 잡아내서 의도적으로 활용하라.

나는 이미 스마트폰으로 만들어둔 비전 보드의 효과를 톡

톡히 경험했다. 원하는 미래의 내 삶을 스마트폰 앨범으로 저장한 '주머니 속 비전 보드'를 가지고 다닌 지도 벌써 10년이 넘었다. 신기하게도 '2021년의 나'라는 앨범에 저장된 이미지들은 2020년에 현실이 되었고, '2023년의 나'라는 앨범에 저장된 장면들은 지금 이 글을 쓰고 있는 나의 일상이 되었다. 내게 일어난 이 모든 일이, 당신에게도 일어날 것이다.

상상하라
그 상상은 당신의 일상이 된다

———

지금까지의 내용을 정리하면 다음과 같다. 첫째, 무의식이 주는 시그널을 놓쳐서는 안 된다. 당신의 인생을 바꿀 수 있는 결정적인 힌트는 바로 거기에서 나오기 때문이다. 둘째, 무의식이 힌트를 보내올 때 메모장에 쓰고, 녹음을 하고, 이미지를 캡처해서 반드시 저장해둔다. 셋째, 저장해놓은 것들로 시각화라는 요리의 식재료인 '주머니 속 비전 보드'를 만든 후, 원하는 삶을 상상으로 시각화하라.

상상은 100% 당신만의 것이다. 현실의 제약 사항 따위는 고려할 필요 없다. 그렇지 않아도 매일 많은 제약 사항들을 '피해가며' 하루하루를 살아가는데, 상상에서조차 스스로 그런 제약 사항들을 만들어내고 싶은가? 이것은 '나는 미래의 나를 계속 방해한다'라는 메시지를 무의식에 전송하는 것이나 다름없다. 시각화 속 세계에서는 그 누구도 당신을 막거나 방해할 수 없다. 그걸 할 수 있는 사람은 오직 '자기 자신'뿐이다. 꾸준히 상상하다 보면 마침내 시각화 속 그 세계는 현실이 되고, 그 현실은 당신의 일상이 된다.

다시 한번 강조하지만, 이 위대한 일을 해내는 데 단 1원도 들지 않는다. 상상하라. 그 상상을 당신의 일상으로 만들어라.

동기 부여는 세수하듯
매일 하는 것이다

2023년 초부터 5개월 동안 총 아홉 번의 '하와이 대저택 원데이 세미나'를 열었고, 이를 통해 약 2,500명의 구독자를 직접만났다. 저마다의 간절한 사연, 문의, 감사 인사 등을 담은 수천 통의 메일에 직접 일일이 답변할 수 없어서 안타까운 마음으로 준비한 강연이었다. 온라인 아이디로 주고받던 소통을 넘어서 '실제 존재하고 일상을 살아가는' 많은 분을 직접 만나고그들의 눈을 바라보며, '상상을 현실화하는 방법'에 대한 나의경험과 생각을 전할 수 있었다. 그리고 고맙게도 세미나는 양

쪽 모두에게 도움이 되었다. 많은 이들이 어려움을 겪는 삶의
지점에서 나의 에너지를 받았을 것이고, 나 또한 엄청난 에너
지를 생생히 받았기 때문이다. 세미나 마지막에 따로 '질의응
답 시간'을 가졌는데, 그때 가장 많이 받은 질문과 고민은 다음
과 같다.

- "정말 힘들고 포기하고 싶은 순간에 어떤 방법으로 동기 부
  여를 하나요?"
- "하대 님은 파이어족이 되기까지 10년가량 걸렸는데, 힘들
  거나 스스로에 대한 의심이 들었을 때 어떻게 확신을 가지
  고 계속 나아갈 수 있었는지 정말 궁금합니다."
- "'멘털'이 흔들릴 때 어떻게 다시 힘을 얻을 수 있을까요?"
- "진짜진짜 힘들 때 어떤 마음가짐으로 살아야 할까요?"

이 질문들에는 공통된 고민이 하나 있다. 바로 '포기하지 않
을 수 있는 방법'에 대한 것이다. 이번에는 이 부분에 대한 명
확한 해답을 제시하고자 한다.

지금 '이 짓'을 왜 하고 있는지 알아야 '셀프 퇴장'을 하지 않을 수 있다

습관을 들이기 위해 같은 행동을 계속 반복하다 보면 어느 순간 '아니, 도대체 내가 무슨 부귀영화를 보겠다고 이걸 이렇게 열심히 하고 있지?' 하는 생각이 찾아드는 시점이 온다. 지금 하는 행위에 대한 근본적인 이유, 즉 목적을 잊어버리면 이런 생각이 고개를 들 수밖에 없다. 그럴 때는 그 의문을 스스로에게 다시 질문해보라.

'나는 지금 이걸 왜 하고 있는가?'

이렇게 물어보는 것이다. 그리고 속으로 대답해보면 된다.

'내가 원하는 것을 이루고, 원하는 삶을 살기 위해서지.'

'이번에는 진짜 내 인생 한번 바꿔보려고 하는 거야.'

즉, 지금 이걸 내가 왜 하는지에 대한 회의감을 그대로 질문으로 바꾼 다음 스스로에게 묻고 대답해보면 '셀프 퇴장'을 하지 않을 수 있다. 무슨 일이 있어도 '셀프 퇴장' 버튼을 누르면 안 된다. 아무리 생각해도 당신이 간절히 바라는 그 일의 성공 가능성이 절반도 채 되지 않는 듯한가? 그런데 셀프 퇴장 버튼을 누르는 순간, 성공의 가능성은 정확히 0%가 되어버린다. 약 50%의 성공 가능성이 0%로 확정되는 순간이다. 심지어 50%

의 성공 가능성이 아니었을 수도 있다. 당신 스스로 '50%도 안 되는 것 같다'라고 생각하고 그걸 믿었을 뿐이다. 만약 셀프 퇴장 버튼을 누르고 그만두었는데, 실제 성공 가능성이 90% 이상이었다는 사실을 나중에 알게 되면 어떤 기분이 들 것 같은가? '셀프로 착각'하고 '셀프로 믿은' 다음 '셀프로 퇴장'한 자신에게 실망하지 않을 수 있는가? 다른 세계로 가는 문을 자신의 손으로 봉쇄해버리고, '성공할 가능성이 절반도 채 안 될 것 같다'라는 생각을 현실로 만들어버린 사람이 바로 자기 자신이 되어서는 절대 안 된다.

다시 생각해보자. 왜 매일 굳이 시간을 들여서 목표를 입으로 소리 내어 말하고, 손으로 쓰고, 상상으로 시각화하는가? 이러한 끌어당김이라는 일련의 과정을 습관으로 만들어야 하는 이유는, 당신의 무의식에 목표를 심기 위해서다. 밥 프록터는 '인간의 무의식에는 도덕관념이 없다'는 점을 강조한다. 그러니까 무의식은 그저 '비옥한 땅'과 같다는 것이다. 땅에 옥수수를 심으면 옥수수가 자라나고, 독초를 심으면 독초가 자라나지 않는가. 무의식도 정확히 이와 같아서 여기에 어떤 생각을 심든 간에 아주 풍성하게 자라날 것이다. 그리고 무의식에 심어진 생각들은 머지않아 곧 행동으로 고스란히 드러나게 되어 있다. 무의식에 '성공'을 심었다면 '성공의 결과물'들이 풍성하게 자라난 현실을 마주할 것이고, '실패'와 '무기력'을 심었다면 '실패의 결과물'이 가득한 현실을 살아갈 것이다.

이때 기억해야 할 점은 반복을 통해 무의식에 성공을 새겨 넣어야 한다는 것이다. 자신이 무엇을 하고 싶은지, 어떻게 살아가고 싶은지에 대해 생각하는 사람들은 많다. 문제는 그 생각을 '아주 가끔' 한다는 데 있다. 1년에 몇 번, 아니면 그냥 여유 있을 때마다 한 번씩 생각하는 정도다. 어쩌면 생각에만 그치지 않고 상상을 통해 아주 구체적인 장면을 시각화한 적이 있을 수도 있고, 소리 내어 원하는 것을 말하거나 적어봤을 수도 있다. 몇 번 정도는 말이다.

그러나 이를 '반복'을 통해 '습관'으로 만들지 않으면, 무의식에 부와 성공이라는 새로운 소프트웨어를 결국 설치할 수 없다. 젓가락으로 시멘트 벽에 글씨 몇 번 적었다고 글자가 새겨지지 않듯이 말이다. 무의식에 부 혹은 성공 소프트웨어를 새로 설치하는 일은 이틀 만에 이뤄지지 않는다. 바로 이런 이유로 우리는 하루에 100번씩 매일 소리 내어 말하고, 100번씩 100일간 쓰고, 틈날 때마다 상상으로 시각화를 해야 하는 것이다.

매일 세수하듯
'동기 부여'를 꾸준히 하라

끌어당기는 습관의 중요성은 수만 번 강조해도 전혀 지나치지 않다. 이토록 중요하지만, 솔직히 '반복'과 '습관'이라는 단어를 마주하는 것만으로도 왠지 모르게 답답하고 지치는 게 사실이다. 무엇보다 이 단어들은 너무나 익숙해서 진부하게 느껴진다. 수많은 자기계발서에서 반복과 습관의 중요성을 역설하지만 이를 모르는 사람이 어디 있겠는가? 그다지 와닿지도 않을뿐더러 지겹게만 느껴질 뿐이다. 끌어당김을 15년 이상 실행해온 나조차도 가끔은 이런 단어가 참 진부하게 다가온다.

그런데 반대로 생각해보자. 도대체 이 '반복'과 '습관'이 왜 그토록 우리에게 지겹고 진부한 단어가 되어버렸을까? 너무 많이 들었기 때문이다. 어렸을 때부터 반복과 습관의 중요성은 학교에서 집에서 수도 없이 들으며 자랐다. 너무 많이 듣다 보니 어느 순간 지겨워진 것이다. 그럼 왜 여기저기서 반복과 습관을 지겹게 강조했을까? 그만큼 중요하기 때문이다. 그냥 중요한 것이 아니라 삶에서 엄청나게 중요하다. 한 사람의 인생을 완전히 바꿔버릴 수 있을 정도로. 당신은 삶을 바꾸길 원한다. 단순히 투자를 통해 700만 원쯤 더 벌고자 하는 것이 아니라, 삶 자체를 바꾸길 원하지 않는가. 그렇다면 '미칠 것같이 지겹지만 미치도록 중요한 이 과정'을 피할 수 없고, 피해서도 안 된다. 이 과정을 우회해서 '원하는 삶'이라는 목적지에 도달하는 방법은 없다.

매일같이 끌어당김을 반복하는 일이 조금은 힘겹게 느껴진다면, 이렇게 생각해보자. 혹시 매일 '세수'하거나 '밥 먹는 것'을 지겹다고 생각한 적 있는가? '오늘 너무 더워서 세수를 세 번이나 했으니까 앞으로 3일 동안은 세수 안 해도 되겠다' 하고 생각하거나, '어떻게 50년 넘게 밥을 하루에 세 번씩 그것도 매일 먹지? 와, 그게 사람이 할 짓인가?'라고 괴로워하는 사람은 없다. 무의식에 목표를 심는 과정도 이와 똑같다. 매일 세수를 하듯, 매일 밥을 챙겨 먹듯, 그냥 매일 끌어당김을 반복한다고 생각해버리는 것이다. 그래야 비로소 무의식에 목표를 각인하고 새로운 소프트웨어로 갈아 끼울 수 있다.

'동기 부여'는 매일 세수하듯이, 밥 먹듯이 해야 한다. 그것이 동기 부여다. 인생에서 힘든 순간이 찾아왔을 때만 하는 것이 동기 부여가 아니다. 그건 너무 굶어서 아사하기 직전에 밥 한 끼 먹는 것, 반년 만에 세수 한 번 하고 다시 1년 동안 세수하지 않는 것과 똑같다. 반복과 습관이 그냥 '디폴트 값'이라고 생각하면, 끌어당김을 습관으로 만들기 위해 매일 반복하는 행동이 힘들지 않고 오히려 '보상'처럼 느껴질 것이다.

'끌어당김이라는 습관'의
노예가 되어라

―――――

자기계발계의 전설 밥 프록터가 80대 후반의 나이로 세상을 떠나기 전까지 단 하루도 빠짐없이 했던 일이 있다. 바로 매일 아침, 자신이 만든 한 문장으로 된 목표를 소리 내어 말하며 녹음하는 작업이다. 그는 이를 하루에 정확히 세 번씩 반복하고 자신의 동업자인 갤러거에게 녹음 파일을 보냈다. 그러면 갤러거 역시 똑같은 방식으로 그 목표를 녹음해서 다시 보내왔다고 한다. 그는 이런 방식으로 자신의 비전을 동업자와 공유하고 강화해나갔다. 수십 년에 걸쳐 자신이 원하는 바를 현실화하고 어마어마한 부를 일군, 소위 '이룰 거 다 이룬' 밥 프록터마저 80대의 나이에도 끌어당김을 멈추지 않았다. 그는 '반복'과 '습관'이 어느 정도로 중요한지를 말 대신 행동으로 우리에게 직접 보여주었다.

밥 프록터뿐만 아니라 자신의 삶에서 위대한 결과를 만들어냈던 수많은 사람이 습관의 중요성을 일관되게 강조해왔다.

세계적인 동기 부여가 오그 만디노 또한 이렇게 말했다.

"내가 어차피 습관의 노예가 되어야 한다면 좋은 습관의 노예가 되련다."

영국의 시인 존 드라이든은 이런 말을 남겼다.

"처음에는 자신이 습관을 만들지만 나중에는 습관이 자신을 만든다."

아리스토텔레스도 "습관은 제2의 본성이다"라고 강조했다. 좋은 습관을 들이는 것이 결코 쉽지는 않지만, 일단 한번 습관을 들이면 어느 순간부터는 특별히 신경 쓰거나 에너지를 쏟지 않아도 자연스레 몸이 알아서 움직인다. 이것이 바로 이 책에서 내가 계속 언급하고 있는 '자동화'이다.

끌어당김을 습관으로 장착하면, 부에 관한 것뿐만 아니라 직장 생활, 사업, 운동, 시험 준비, 개인적인 도전 등 삶의 모든 영역에서 목표가 '자연스럽게' 눈앞에 현실로 펼쳐지도록 당신을 도울 것이다.

결국 원하는 미래를
맞이하게 될 당신에게

———

아직 원하는 결과를 얻지 못하여 불안한 마음으로 세미나에서 질문을 해주었던 많은 분들과 이 책을 읽고 있는 당신에게 격려의 말을 건네고 싶다.

"많은 분들이 몇 주, 길게는 몇 달간 원하는 삶을 끌어당겨보려고 애쓰다가 어느 순간 그 자리에 멈춥니다. 중간에 좋지 않은 일이 일어나거나 생각과는 정반대의 상황이 펼쳐지기라도 하면 미련 없이 바로 접어버리죠. 저는 그 점이 항상 안타까웠습니다. 몇 달 동안 진짜 하루도 빠지지 않고 계속 시도했는데 아무것도, 그 어떤 것도 바뀔 기미조차 없으면 충분히 그런 생각이 들 수 있어요.

그럴 때는 이렇게 생각해보세요. 우리는 매일 밥을 먹죠? 하루에 한 끼든 두 끼든 세 끼든 밥을 먹습니다. 그런데 매일 밥을 먹는다고 '오늘은 그만해도 되겠지' 이렇게 생각하지 않잖아요. 원하는 생각을 반복하는 것도 이와 똑같아요. 중간에 '셀프 퇴장'만 하지 않으면 됩니다. 물론 습관을 만드는 일이 그렇게 쉽지는 않아요. 우리는 20년, 30년, 40년이 넘도록 무의식에 세팅된 프로그램에 따라 지금까지 살아왔으니까요. 몇십 년 동안 깔려 있었던 무의식에 소프트웨어를 새로 설치하는 데 시간이 걸리는 건 당연합니다. 그동안 새겨진 것들 위에 새롭게 써야 하는데 며칠 만에 되지 않겠죠. 지금 생각하는 것보다 몇백 배 힘들지도 모릅니다.

그런데 내 인생, 바꿔보고 싶잖아요? 원하는 그 삶을 눈앞에 현실로 만들어내려면, 이 끌어당김의 습관을 무의식에 장착해야 합니다. 저는 이 과정을 '불편의 다리'를 건넌다고 표현해요. 이쪽에서 저쪽으로, 습관이 없는 상태에서 습관이 장착된 상태로, 지금 삶에서 완전히 다른 삶으로…. 불편의 다리를 통해 건너가야죠. 지금 당신은 너무나 당연한 과정을 잘 건너고 있는 중입니다. 멈추지만 않는다면, 지금 하고 있는 그 상상, 곧 현실로 만납니다."

THE MIND

제4원칙

'불편의 다리'를 건너
원하는 곳으로 가라

한 번도 갖지 못한 걸 가지려면
한 번도 해본 적이 없는 일을 해야 한다.

원하는 삶을 위해
'불편의 다리'를 건너
바라는 그곳으로 향하라.

여기 운이 좋은 사람과 정반대로 최악의 운을 지닌 사람이 있다. 두 사람 다 우리 주변에서 흔히 만나볼 수 있다. 이 두 명의 삶을 잠시 들여다보자.

먼저, 최악의 순간을 마주한, 죽고 싶을 만큼 힘든 사람에 대한 이야기이다. 30대 초반의 그는 직장에서 나쁜 상사를 만나 과로사할 정도로 일을 했다. 단적인 예로 공휴일이 많은 5월 한 달, 31일간 연속으로 출근했다. 심지어 연속 출근한 31일 중 25일은 출근한 날 퇴근하지 못했다. 밤 12시가 넘어서 퇴근했다는 뜻이다. 설령 밤 12시가 되기 전 퇴근한다 해도, 걸려오는 업무 전화에 집에서도 컴퓨터 앞에 앉아 계속 일했다. 주말에도 예외는 없었다. 심지어 어렸을 때부터 본인을 많이 사랑해주신 외할머니가 돌아가셨을 때조차 장례식장에 가지 못했다. 발인이 끝난 후 납골당이라도 찾아뵙고자 했으나 마찬가지로 "지금 당장 무조건 와"라는 상사의 업무 전화를 받고 고속도로에서 차를 돌려 회사로 복귀했다. 결국 그는

2년 뒤, 과로로 인한 후유증으로 난치병에 걸리고 말았다. 그 와중에 신입사원 때부터 모은 전 재산을 땅에 투자했으나 사기당했고, '전 재산 0원'에 수천만 원의 신용대출 빚을 떠안은 신세가 되었다.

이번에는 정말 기가 막히게 운이 좋은 사람의 이야기이다. 이 사람도 직장인이다. 30대 중후반의 그는 직장 생활이 술술 잘 풀렸다. 직장에서 일 잘한다는 소리를 들었으며, 인사 고과는 늘 S등급을 받았고, 최연소 인사 부서장에까지 발탁되었다. 자신보다 나이가 많은 팀원과도 잘 지내서 부서 내 평판도 좋았다.

혼자 공부해서 시작한 재테크는 더욱 잘 풀렸다. 정부가 강하게 부동산 시장을 규제하기 전, 몇 차례 아파트 투자로 수십 년 치 연봉을 벌었다. 아직 근처에 백화점이 들어오기 전인 저평가된 아파트를 발견하고 투자해, 두 달 만에 '2억' 넘게 벌기도 했다. 그뿐만 아니라 비상장 주식을 매수하고 미국 주식을 통해 자산을 쌓아서 더 이상 월급이 의미가 없어질 정도의 충분한 현금을 확보한 뒤 경제적 자유를 이루고 파이어족을 선언했다.

그는 더 이상 다른 사람이 하라는 일을 하며 살지 않는다. 자신이 하고 싶은 일을 원 없이 하고, 하고 싶지 않은 일은 할 필요가 없는 행복하고 경이로운 인생을 살고 있다.

이 책을 읽은 독자라면 극단적인 두 사람의 이야기가 사실은 '하와이 대저택'이라는 한 사람의 이야기라는 사실을 이미 눈치챘을 것이다. 1부에서 상세히 밝혔지만, 앞서 죽을 만큼 힘들었던 사람은 30대 초반일 때의 나, 기막히게 운이 좋은 사람은 30대 중후반부터 지금까지의 나다. 이외에도 파란만장한 일이 참 많았지만, 이 정도만으로도 지금부터 내가 하려는 말을 전달하기에 충분하다고 생각한다.

그동안 나는 "운이 진짜 좋아"라고 입버릇처럼 말했다. 비록 인생 최악의 30대 초반을 지나왔지만, 정말로 그렇게 생각한다. 만약 30대 초반의 내가 없었다면, 30대 중후반에 운이 정말 좋았던 나는 없었을 것이기 때문이다. 이건 정말 100% 확신한다. 단순히 '그때의 고난과 시련이 나를 만들었다' 하는 식의 상투적인 말을 하려는 게 아니다. 그 시간을 통과하며 내 인생의 목적, 내 인생의 목표, 이를 달성하기 위한 계획, 내가 살고 싶은 삶, 가지고 싶은 것이 무엇인지 눈치챌 수 있었다. 그걸 얼마나 갖고 싶은지, 회사라는 울타리가 정말 견고한지, 이곳이 정말 내가 평생 있어야 할 곳이 맞는지, 이곳을 나가면 나는 정말 굶어 죽는 것인지에 대해서도 고민해볼 수 있었다. 이곳이 아니라면 나는 무엇을 할 수 있을지, 잘할 수 있을지, 나라는 사람이 도대체 누구인지에 대해서도 생각했다. 틈날 때마다 나 자신을 진정으로 믿고 신뢰하는지에 대해 통렬한 물음을 던졌다. 전부 30대 초반, 세상에서 가장 운 없고 비참했던, 하루하루가 지옥 같았던 그 시기에 스스로 매일 묻고 답한 후에야 비로소 알 수 있었던 것들이다.

만약 지금 당신이 인생 최악의 순간을 마주하고 있다면 이렇게 말하고 싶다. 살면서 정말 다시는 없을 기회가 찾아왔다고. 지금

이 순간이 최고의 순간이고, 바로 이때를 기점으로 당신은 정말로, 운 좋은 사람이 될 것이라고 말이다.

사람은 최악의 상황에 직면해야만 움직인다. 살기 위해서. 너무나 당연하다. 편안하고 안락하게, 별 탈 없이 무난하게 살아가고 있다면 인간은 굳이 움직일 필요를 느끼지 못한다. 지금도 충분히 괜찮기 때문이다. 그런데 절벽 끝으로 내몰리면 그제야 살아남기 위해 뭐든 바꾸려고 도전한다. 그러니까 인생을 바꿀 최초의 그 움직임은 최악의 순간에 시작되는 셈이다.

저 멀리 건물이 보인다. 한 번도 가본 적 없는 곳이다. 낯선 그 건물 안으로 걸어 들어가서, 복도에 선다고 상상해보자. 복도 양옆으로 수많은 문이 있다. 그 문 뒤에 기회와 행운, 깨달음이 기다리고 있다. 물론 아무것도 없는 '꽝'도 있고 괴로움만 안겨주는 '다음 기회에 다시'도 있다. 당신은 지금 머물고 있는 건물을 과감히 빠져나와서 완전히 낯선 이 건물까지 들어올 수 있겠는가? 그리고 그

건물 복도 양옆에 펼쳐진 문을 열어볼 수 있겠는가? 다시 한번 말하지만, '꽝'이 나올 수도 있다. 그다지 좋지도 않고 크게 만족하지도 않지만 어쨌든 그럭저럭 지낼 만한 익숙한 그 건물을 박차고 나와서 낯선 건물에 들어가 과감히 문을 열었는데 그 문 뒤에 아무것도 없다면, 그 충격은 실로 어마어마할 것이다. 당신의 선택을 땅을 치고 후회할지도 모른다.

그러나 당신은 제대로 된 선택을 했다. 아무것도 잘못되지 않았다. 멈추지 말고 문을 계속 열어라. 그러다 보면 어느 문에는 기회가, 어느 문에는 상상할 수조차 없었던 큰 행운이 기다리고 있을 것이다. 사실 '꽝'이 나왔을 때 할 수 있는 최악의 선택은 '그냥 가만히 있었으면 중간은 가는데, 내가 실수했다'라며 건물 바깥으로 다시 나가는 것이다. 그렇게 하면 한 가지는 명확해진다. 이제 당신에게 행운이 찾아올 확률은 정확히 0%에 수렴한다는 것. 우리는 이런 행동을 '포기'라고 부른다.

30대 초반의 나는 한 번도 가본 적 없는 어두컴컴하고 낯선 건물로 더듬더듬 걸어 들어갔다. 어두운 길을 지나서 낯선 건물 안으로 들어가기까지 무섭고 두려웠다. 가끔은 극단적인 생각마저 들었다. 그때 나는 '용기'를 떠올렸다. 세상에서 가장 진부한 단어 중 하나인 '용기'라는 말…. 용기는 '무서워하지 않는 것'이 아니다. 무서워도 계속하는 것, 울면서 계속 걸어가는 것, 그게 용기다.

그래서 용기는 '누구나' 낼 수 있다.

나는 그 용기라는 말을 마음에 수천 번 새겼다. 그리고 낯선 그 건물을 향해 계속 걸었다. 나는 생각했다. 나로 하여금 극단적인 생각까지 하게 만들었던 바로 그 상사와 두 번 다시 '부서장과 팀원 사이'로 만나지 않으려면 어디로 가야 하는가. 결론은 간단했다. 내가 부서장이 되면 된다. 나는 '직장에서 내 모든 것을 쏟아붓는'이라는 긴 이름의 간판이 걸려 있는 그 건물로 들어갔고, 그렇게 부서장이 되었다. 그리고 또 다른 문을 열었다. 그 문 안에는 '좋은 평판'이라는 행운이 기다리고 있었다. 물론 여기서 멈추지 않았다. 그 건물은 내 인생의 최종 목적지도, 중장기 목적지도 아닌 경유지일 뿐이라는 걸 알았으니까. 직장에서 죽을 것 같았을 때 오히려 '직장'이라는 건물로 다시 걸어 들어갔듯이, 부동산 사기를 당했을 때도 그냥 똑같이 했다. '부동산 투자'라는 건물로 들어가 정면 승부하는 마음으로 기꺼이 문을 열었다. 거기에는 '수익'이라는 엄청난 기회가 놓여 있었다. 이후 나는 '파이어족'이라는 건물로 다시 걸어 들어가 '경제적 자유'라는 문을 열었고, 끝끝내 오늘 이 자리에 이르렀다.

지금과 다른 삶을 살고 싶은, 인생을 바꾸고 싶은 당신이 앞으로 어떤 일들을 마주하게 될지 나는 알고 있다. 지금까지 하지 않았던 생각을 하고, 하지 않던 행동을 하려고 할 때마다 이런 말을 듣게 될 것이다.

"그런 거 진짜 아무나 하는 거 아니다."
"그거 잘하는 사람들이 세상에 얼마나 많은데."
"왜 쓸데없는 짓을 벌이려고 하지?"

당신의 마음을 정말 아프게 하는 건, 이런 말을 하는 사람들이 바로 당신이 가장 아끼는 사람들이고, 당신과 가장 가까운 사람들이라는 사실이다. '생각해보니 지금 여기도 그다지 나쁘지 않은 것 같은데, 내가 사서 고생을 하려는 건가'라는 내면의 목소리도 계속 들려올 것이다. 당신이 그 말에 동의한다면 앞으로 정확히 '나쁘지 않은 삶'을 살아갈 것이다. 앞으로 5년, 10년, 20년 뒤에도 지금처럼 살아간다는 뜻이다. 이것은 무엇을 의미할까? 당신의 미래가 오늘과 크게 다르지 않을 만큼 소위 '예측 가능'함을 의미한다. 이는 지금보다 삶이 더 나빠진 것이나 다름없다. 모든 면에서 크게 나아진 것 없이 똑같은데, 당신은 나이만 먹었기 때문이다. 어느덧 당신은 건물 밖을 박차고 나가기엔 버거워졌고 힘도 없어졌다. 단지 그 차이뿐이다.

지금 있는 그곳에서 나와 '불편의 다리'를 건너야 한다. 그 다리 끝엔 당신이 그토록 원하던 당신의 모습, 당신의 삶이 있다. 움직이지 않으면 도대체 무슨 수로 그곳에 갈 수 있겠는가?

'불편의 다리'라고 하니 까마득한 느낌도 들고, 말 그대로 불편한 감정이 엄습해올지도 모르겠다. 불편의 다리란 그리 거창하지 않다. 지금까지 살아오며 이미 불편의 다리를 건넜다. 한 번일 수도, 여러 번일 수도 있다. 그 불편의 다리를 건너, 당신은 지금의 당신이 되었다. 지금 너무나 당연한 일상은 그냥 갑자기 주어진 것이 아니라, 어느 순간에는 불편의 다리를 건넜기 때문에 당신의 일상으로 자리 잡은 것이다. 그런데 어느 순간 당신은 '정착'을 해야겠다고 생각했고, 자연스럽게 '안주'하게 되었다.

엄청나게 좋진 않았지만 어느 정도는 익숙하고 편해졌고, 그렇게 시간은 흘렀다. 불편의 다리가 불편한 줄도 모르고 건넜던 과거의 당신은 이제 나이를 먹었다. 이제 다시 새로운 불편의 다리를 건너야 할 시점이다. 왜냐하면 당신이 원하고 있기 때문이다. 당신은 더 많은 경험, 더 많은 삶, 그리고 더 많은 부를 원한다. 제4원칙은 불편의 다리를 건너는 것, 즉 '실행'에 관한 이야기다.

기억하라. 당신이 한 번도 가져본 적 없는 것을 갖고 싶다면, 지금껏 한 번도 해본 적이 없는 일을 해야만 한다.

지금 당장, 먼지 같은 성공을
시작하라

출근을 위한 준비 시간과 출퇴근길에 소요되는 시간에다 하루 8시간의 근무까지 더하면 하루 절반 이상을 '고된 일'을 하면서 보낸다. 지친 하루를 마무리하고 집에 도착하면 정말 손 하나 까딱하고 싶지 않다. 대충 씻고 소파에 드러누워서 스마트폰으로 인스타그램이나 유튜브를 보거나, 넷플릭스 드라마를 튼다.

아마도 많은 직장인의 저녁 풍경이지 않을까. 그런데 당신은 지금 왜 그렇지 않은가? 굳이 빽빽이 쓰인 이 책을 펼쳐서 나의 이야기를 읽고 있는 이유는 무엇인가? 쉬고 싶은, 그냥 가만히 있고 싶은, 아무것도 하고 싶지 않은 '본능'을 뛰어넘으려는 에너지는 '성공'이라는 두 단어에서 비롯된다. 그렇다. 당신은 성공을 원한다.

'성공'의 정의는 사람마다 다르다. 내가 정의하는 성공은 '원하는 것을 이루는 것'이다. 여기서 각자 원하는 것은 모두 다르다. 경제적 자유를 이룬 삶, 이직, 취업, 승진, 내 집 마련, 정말 큰 부자가 되는 것…. 원하는 것이 무엇이든 간에 그저 바라기만 한다고 이뤄지는 일은 없다. 컴퓨터 그래픽(CG)과 같이 몇 번의 조작만으로 현실이 극적으로 변하지는 않는다는 말이다. 성공하기 위해서는 무엇을 해야 하는가? '행동'해야 한다. 일단 '시작'해야 한다. 그런데 안타깝게도 너무나 많은 이들이 '시작'을 못 하거나 안 한다.

지금부터 '행동'과 '시작'에 관해 이야기하고자 한다. 다행히도 이 책을 읽고 있는 당신은 이미 '행동'을 시작했다. 그렇다면 이 책을 읽은 다음에는 무엇을 해야 할까?

해야겠다고 생각은 하는데
아무것도 못 하는 이유

책이나 자기계발 유튜브를 보다 보면 무언가 내면에서 꿈틀대는 것 같다. '와…. 그래, 이번엔 진짜 한번 해보자!' 하는 마음이 강하게 솟구친다. 그런데 정신 차려보면 그냥 어제와 똑같은 일상을 '견디고' 있는 자신의 모습이 보인다. 왜 늘 결말은 비슷할까?

이 과정을 조금만 더 자세히 들여다보면 결국 왜 그렇게 될 수밖에 없는지 이해가 된다. 존 크럼볼츠와 라이언 바비노의 저서 『빠르게 실패하기』(스노우폭스북스, 2022)에는 스탠퍼드대학교 학생들과 인터뷰하면서 알아낸 '시작 포기' 과정이 서술되어 있다. 그 과정을 내가 더욱 자세히 설명해보면 다음과 같다.

우리는 보통 어떤 일을 시작하기 전, 이것저것 분주하게 정보를 수집하고 계획과 전략을 수립한다. 이왕이면 더 크게 성공하고 싶으니 규모를 조금 더 키워서 전략을 세운다. 그러다 문득 이 계획들을 실제 실행에 옮기기에는 꽤 많은 문제가 있다는 사실을 깨닫는다. 현재 처한 상황, 현실적인 어려움, 실패했을 때의 리스크…. 곳곳이 지뢰밭이다. (보통은 이 구간에서 거의 포기한다.) 이런 문제들을 전부 피해보려고 플랜 B, 플랜 C를

사실 이건 그냥 당연한 것이다. 원래 그렇다.
그러니 포기를 할 '이유'가 될 수 없다는 것이다.

만들고, 각 플랜별 예상되는 문제에 대해서도 어떻게 대응할지 생각해본다. 물론 각각의 계획에도 문제는 다 있다. 결국 이 지점에서 대부분 접는다. 아직 시작조차 안 했는데 쉽게 접어버린다. 왜냐하면 해내기 어려운 이유를 수십, 수백 개나 발견했으니까. 이제 '시작 전 포기'를 하는 자신의 행동을 합리화해야 할 차례다. '이번에는 진짜 해보는 거야'라고 다짐하고, 주변 사람들에게도 굳은 결의를 내비쳤는데 포기하게 되었으니 자기 자신을 포함한 모두를 납득시킬 명분이 필요하기 때문이다.

'적당한 때를 기다리자. 일단 지금은 아니야. 지금 하고 있는 일만으로도 너무 바쁘니까. 그리고 아무리 생각해봐도 아직은 준비가 덜 됐어. 문제들이 뻔히 보이는데 어떻게 해결할지 대비조차 하지 않고 무작정 뛰어드는 건 너무 위험하지. 일단 제일 시급한 문제부터 먼저 해결하고, 그때 다시 생각해보자.'

결국 그토록 치밀하고 야심 차게 준비했던 그 모든 계획의 끝은 '때를 기다린다'라는 결론으로 마무리된다. 새로운 시도를 앞둔 사람들의 의사결정은 안타깝지만 대체로 이 흐름에서 크게 벗어나지 않는다. 너무 많은 문제가 앞에 산적해 있으니 아무것도 선택하지 않고 '때'를 기다리는 편이 '베스트'라고들 한다. 그런데 시작하지 않기로 선택하는 것도 '선택'이긴 하다. 이 선택에는 정말 엄청난 장점이 딱 하나 있다. 바로 절대로 실패하지 않는다는 것. 아무것도 하지 않으니 실패할 일 자체가 없다. 그런데 정말로 치명적인 단점도 하나 있는데, 바로 '성공 확률이 0%'라는 것이다. 과연 그 유일한 장점을 위해 '성공할 확률 자체가 없는' 그런 인생을 계속 살아도 좋은가? 한 번뿐인 인생, 이대로 쭉 가다 그냥 마무리해도 정말 괜찮은가?

140미터 직진 후 우회전, 여기서부터 진짜 시작이다

'어떤 일이나 행동의 처음 단계를 이루는 것', 이것이 바로 '시작'의 사전적 정의다. 이 세상 무슨 일을 하든지 처음 단계인 '시작'부터 해야 한다. 시작을 해야 그다음 단계들을 하나씩 거쳐 결국 '성공'이라는 목적지에 다다를 수 있다. 그러나 사람들은 가장 마지막 단계인 '성공'만을 원한다. 이것이 문제의 핵심이다.

우리는 성공을 원할 게 아니라 시작을 원해야 한다. 시작하고 싶어도 하지 못하는 사람이 거의 대부분인데도 정작 그들 중 아무도 '시작'을 원하지 않는다. 그 이유는 무엇일까? '시작이 중요하다'라는 잘못된 관용구를 진실이라고 믿기 때문이다.

그러나 그렇지 않다. 시작이 중요하다고 생각하면 아무것도 시작할 수 없다. 그렇게 중요한 시작을 어떻게 함부로 할 수 있단 말인가? 그래서 거의 대부분의 사람들은 시작을 못 하고, 시작을 못 했으니 당연히 성공도 하지 못한다. 진짜 중요한 건 '시작'이 아니라 '시작하는 것'이다. 시작한 소수의 사람만이 성공한다. 이것이 바로 소수의 사람만 성공하는 이유다.

시작을 하지 못하는 결정적인 이유가 하나 더 있다. 대부분 빨리 이루고 싶고, 빨리 부자가 되고자 하기 때문이다. 그렇게 조급한 마음으로는 일을 그르치기 마련이다. <u>제대로 된 투자를 하기보다는 '한 방'에 크게 이익 낼 방법을 찾아 불나방처럼 쫓아다니다가 낭패를 보고 사기를 당하기도 한다.</u> 과거의 나 역시 그랬기에 그런 마음을 충분히 이해한다.

↳ 기존에 깔려 있는 소프트웨어가 부자가 될 수 없도록 당신을

'빨리' 이루고 싶어 하는 조급한 마음을 예로 들면 다음과 <s>같다</s> 돕는 중이다. 현재 '서울역'에 있는 당신이 '석촌호수'까지 가겠다는 목표를 세웠다. 그리고 어떻게 하면 석촌호수까지 최단거리로 갈 수 있을지 방법을 고민한다. 당신은 이런 고민이 효율적인 방법을 찾는 과정이라 착각한다. 그러나 당신의 생각은 틀렸다. 목적지인 석촌호수까지 가는 최단거리를 찾기 위해 앉은 자리에서 머리만 굴려서는 안 된다. 곧바로 자리에서 일어나 자동차 문을 열고, 시동을 켠 다음, 내비게이션에 '석촌호수'를

입력해야 한다. 그러면 서울역에서 막 출발하는 당신에게 내비게이션이 이렇게 안내한다.

"140미터 앞에서 우회전입니다."

그렇다. 140미터 앞에서 우회전, 이게 바로 시작이다. 그리고 이렇게 시작해야만 한다. 서울역에서 석촌호수까지 직선거리로 가려면 산도 넘어야 하고, 고층 빌딩도 뛰어넘어야 하며, 강도 건너야 한다. 대부분의 사람은 산과 강, 고층 빌딩 위로 운전할 수 없다는 사실을 알고 있으므로 감히 시작조차 하지 못한다. 두려워하는 당신에게 "사람들이 잘 몰라서 그렇지, 이 <u>모든 것을 한 방에 넘어서는 방법이 있어</u>"라고 감언이설하는 <u>사람이 있다면 주의하라</u>. 그것이 바로 '사기'다. → *사기를 판단하는 가장 좋은 방법: '말도 안 되게 좋다'면 그건 사기다.*

원하는 것을 이루기 위해서는 작은 행동부터 시작해야 한다. 서울역에서 석촌호수까지 가려면 서울역에서 140미터 직진 후 우회전하는, 바로 그 행동부터 시작해야 한다. 140미터, 성인 남성이 빨리 뛰면 20초 만에 갈 수 있는 짧고 하찮은 거리다. 사실 모든 성공의 시작은 원래 하찮았다. 그리고 이 사실을 꼭 기억했으면 한다. 차에 시동을 켜고 움직인 순간 당신은 첫 번째 성공을 거뒀고, 140미터 직진 후 우회전에 성공한 당신은 이미 두 번째 성공을 했다. 그다음은? 세 번째 성공을 할 것이다. 그렇게 앞으로 나아가야 한다.

먼지 같은 성공이
위대한 이유

———

성공에 대해 많은 이들이 오해하고 있는 것이 있다. '최종 목표'에 도달하는 순간만을 성공이라 여기고, 목표를 이루기 전까지는 '성공을 위한 고통스럽고 힘든 인고의 시간'이라고 생각한다는 점이다. 그런데 이렇게 생각하면 엄청나게 높은 확률로 지치기 마련이다. 힘드니까 소위 '셀프 퇴장'을 하게 된다. 심지어 어떤 이들은 '셀프 퇴장'을 예상하고는 시작도 하기 전에 지레 포기해버린다. 물론 인간은 생각보다 꽤 오랜 시간 고통을 '버틸 수' 있지만, 그런 상태로 끝까지 완주하는 경우는 극히 드물다. 끝내 버텨냈다고 해도 몸과 마음의 건강은 이미 상할 대로 상했을 것이다. 잘못하면 한번 잃은 건강을 영영 회복하지 못할 수도 있다.

성공에 이르기까지의 여정을 지혜롭게 통과하려면 '성공 과정'에 대한 인식 전환이 필요하다. 꼭 마지막 목적지에 도착해야만 성공이 아니다. 맨 처음 시작해서 140미터를 직진하여 우회전한 것, 이것도 성공이다. 이어서 800미터 직진하고 좌회전을 해내도 성공이다. 구불구불한 길을 지나 고속도로에 진입했다면 이 역시 성공이다. 이렇게 먼지 같은 성공을 '그냥' 계속해나가면 어느새 최종 목적지인 석촌호수를 눈앞에서 보게 될 것이다. 이렇듯 보잘것없는 성공이 쌓여 큰 성공을 만든다. 때로는 지금 하는 일들이 도대체 무슨 의미가 있나 싶어 회의감이 들 것이다. 이렇게 해서 언제 목표를 이루나 한숨이 나올지도 모르겠다. 그런데 그렇지 않다. 당신은 지금, 성공을 성공적으로 해내는 중이다.

엄청나게 큰 성공만 뻥뻥 터뜨리며 한평생 쭉 가는 사람, 거의 없다. 어딘가에는 있을 수도 있으므로 '거의 없다'고 하는 것이 적절한 표현이겠다. 그런데 정말 누구나 먼지 같은 성공은 어렵지 않게 할 수 있고 계속할 수 있다. 성공도 습관이다. 습관이라는 건 별다른 에너지를 쓰지 않아도 그냥 할 수 있게 '자동화'하는 것이다. 비록 먼지같이 작은 성공이라도 계속하면, 성공 경험이 무의식에 각인된다. 새로 설치되는 당신의 무의식 소프트웨어에 '나는 계속 성공하는 사람'이라는 코딩 한 줄이 추가되는 것이다. 성공도 해본 사람이 자꾸 하는 이유가 이 때문이다. 당신은 이제 성공은 그냥 '다른 세상 이야기'라고 생각하는 사람들과는 완전히 다른 차원에서 살아가게 된다. 이렇게 성공이 습관화된 이들은 살면서 제법 큰 '허들'을 마주한다 해도 움츠러들거나 뒷걸음질 치지 않는다. 이미 '시작하기도 전에 포기하는 사람들'과는 완전히 다른 무의식 소프트웨어를 장착하고 있으니까. 이것이 바로 '견뎌내지' 않고 자연스럽게 성공하는 최선의 방법이다.

'거대한' 그들의
'위대한' 시작

───────

전 세계 1위 물류 기업인 아마존은 이른바 '허접한' 시작의 대명사와도 같다. 원룸보다 작은 창고 같은 사무실에서 그야말로 '없어 보이는' 현수막에 'AMAZON.COM'이라는 사명을 걸고 시작했다. 지금의 거대 기업 아마존을 떠올리면 믿을 수 없을 만큼 소박한 시작이다. 아마존은 그렇게 '시작'했다. 한편 전 세계 시가 총액 1위 기업 '애플'은 평범한 주택에 붙어 있는 흰색 문이 달린 차고에서 시작했다. 변변한 사무실조차 없었다는 뜻이다. 애플은 고작 140미터 직진 후 우회전하는 것과 같이 그저 처음 시작한 작은 프로젝트를 무사히 '성공'시켰을 것이다. 그다음은? 이제 차고가 아닌 작은 사무실 하나를 임차했을 것이다. 그런가 하면 하워드 슐츠라는 미국인 남성은 이탈리아를 여행하고 나서 '미국에도 이런 멋진 이탈리아풍 카페를 차려야겠다'라는 목표로 시애틀에 아주 작은 매장을 하나 차렸

스타벅스 1호점 매장 전경. 누가 이 매장이 이렇게 전 세계적인 프랜차이즈가 될 것이라 예상했을까? 하워드 슐츠조차 몰랐을 것이다.

을 뿐이다. 그 카페의 이름이 '스타벅스'다. 시간이 조금 걸리긴 했지만 이 매장이 꽤 잘되어 벅찬 마음으로 그다음 매장을 하나 더 오픈했다. 이것이 스타벅스의 시작이다.

아마존, 애플, 스타벅스가 처음 시작할 때, 지금과 같은 초거대 글로벌 기업이 되리라고 예상했을까? 혹은 어떻게 하면 그렇게 될 수 있는지 '다 파악하고' 시작했을까? 그렇지 않다. 일단 시작했다. 대신 작게 시작했다. 나는 목표를 작게 잡으라고 이야기하는 것이 아니다. 여러 번 강조했듯이 목표는 비현실적으로 커야 한다. 현실적으로 이룰 수 있는 일들을 정리해놓은 것은 목표가 아니라 '스케줄'이다. 목표는 비현실적으로 크게 잡되, 출발은 하찮아야 한다는 말이다. 그것이 바로 출발이자 시작이다. 지금 상위 10%에 있는 그 사람도 처음엔 하위 10%였으며, 지금 전문가인 그 사람도 처음엔 입문자였다는 사실을 잊지 말자.

돈 잘 버는, 현명한 투자자가 되고 싶은데 어디서부터 시작해야 할지 잘 모르겠는가? 하루에 5분에서 10분, 투자와 관련된 유튜브를 보라. 경제경영서를 하루 한 페이지씩만이라도 읽기 시작하라. 3분이면 가능하다. (한 장이 아닌 한 페이지이다.) 취업이나 이직에 성공하고 싶은가? 노트북 속 텅 빈 화면에 끝없이 깜빡이는 커서를 보며 괴로워하지 말고, 아무 말이나 딱 한 줄만 자기소개서를 써보라. 그래야 그다음 줄을 쓸 수 있다. 운동을 하고 싶은데 엄두가 나지 않는다면 아파트 단지를 딱 5분만 걷고 바로 들어와라. 끌어당김의 법칙을 직접 시도해보고 싶은데 자꾸 미룬다면 하루 3분만 눈을 감고 상상하라. 그 이상 할 필요도 없다. 이는 전부 과거에 내가 시도했던 방법들이다. 이렇게 먼지같이 작은 일부터 시작했더니 내일도 부담 없이 해낼 수 있었다. 그렇게 하니 일주일을, 한 달을, 1년을 할 수 있었다. 그리고 마침내 습관으로 자동화되었다. 그러고 나서는 오히려 '하지 않는 상태'가 불편하게 느껴졌다. 습관

↳ 이 상태가 됐다면 '습관'으로 잘 장착된 것이다.

을 장착하는 데는 아무런 재능도, 인내도, 돈도 필요 없다. 당신도 분명 할 수 있다,

사명이 적힌 현수막이 붙은 작은 창고, 주택 차고, 구석에 위치한 작은 카페…. 전 세계에 모르는 사람이 없을 정도로 거대한 존재인 글로벌 기업 세 곳의 시작은 비록 보잘것없었지만 위대했다. 당신도 시작해야 한다. 하찮은 그 시작을 위대하게 하라.

하찮은 일을 위대하게 해내는 방법

‘도미노 효과’를 아는가? 도미노는 자기보다 1.5배 큰 도미노를 쓰러뜨린다. 맨 처음에 쓰러뜨리는 손가락만 한 10센티미터의 도미노는 그다음 15센티미터의 도미노를 쓰러뜨릴 수 있다. 시작은 별것 아닌 듯하지만, 이렇게 되면 51번째 도미노는 지구에서 달까지의 거리보다 길이가 긴 52번째 도미노를 넘어뜨릴 수 있다.

비현실적인 목표를 제대로 잡고 있는 당신에게 꼭 하고 싶은 말이 있다. 거대한 일을 위대하게 해내는 건 당연하게 느껴

진다. 그것이 얼마나 위대한 일인지 온갖 언론 매체에서 아주 자세히 설명해주기 때문이다. 그런데 하찮은 일을 위대하게 해내는 것에는 아무도 관심이 없다. 하찮은 일을 위대하게 한다니, 무슨 말이냐고? 하루를 마치고 잠자리에 누웠을 때, 오늘 당신이 이뤄낸 그 하찮은 성과에 스스로 정말 뿌듯해한다면, 당신은 하찮은 그 일을 위대하게 해낸 것이다.

당신의 온 마음을 다해 하찮은 '10센티미터짜리 첫 번째 도미노'를 쓰러뜨려보라. 위대하게 말이다.

일단 시작은 했는데
이 정도로 힘들 줄은 몰랐던 당신에게

"하대 님, 진짜로 힘들 때 어떻게 버티셨나요? 정말 너무 '현타' 오고, 현실 도피하고 싶은 하루네요. 긍정적인 생각을 하다가도 마음이 무너집니다. 거래처에 농락당하고 회사 일에 치이고…. 저의 나약함과 무력함에 너무 힘들어요. 정말 더는 이렇게 살기 싫습니다."

유튜브 구독자 댓글을 읽다가 시선이 멈췄다. 살면서 누구나 한 번쯤은 이런 생각을 해본 적이 있을 것이다. 나 역시 한 때 지옥에서 살던 시기가 있었다. 누구나 한 번은 '정말 너무나

힘든 순간'을 마주한다. 바로 지금 이 글을 읽고 있는 당신이
과거의 나처럼 지옥에서 살고 있을지도 모르겠다. (부디 아니기
를 진심으로 바란다.) 만약 이 시기를 맞닥뜨리게 된다면 도대체
어떻게 해야 하는가?

고통의 끝은
이런 모습이다

만약 하루하루 고통스러울 정도로 힘든 시기를 보내고 있
다면, 혹은 앞으로 그런 시기를 마주하게 된다면 당신에게 꼭
전하고 싶은 말이 있다. 먼저, 무조건 '끝'이 있다는 것이다. 지
금 그 힘듦은 평생 가지 않는다.

현재 당신이 30대 중반이고 직장에서 엄청난 과로와 스트
레스에 시달리고 있다고 가정해보자. 60대 중반에도 여전히 직
장에서 시달리고 있을까? 당연히 그렇지 않을 것이다. 지금 국
가고시를 준비하는 수험생이라고 해보자. 10년 뒤 당신은 엄청
나게 높은 확률로 수험생이 아닐 것이다. 합격 여부를 떠나 이
미 인생의 '다음 단계'로 나아갔을 테니까. 어쩌면 경제적인 어
려움으로 인해 고통스럽다고 느낄 수도 있다. 그런데 지금 경

제적인 이유로 괴롭다면 5년 혹은 10년 뒤에는 더 이상 경제적 문제로 고통스럽지 않을 것이다. '고통스럽다'라는 감정을 들여다보면, 현재 재정 상황에 '만족스럽지 않다'라는 불만족이 내면에 자리 잡고 있음을 알 수 있다. 밥 프록터는 이를 '건전한 불만족' 상태라고 표현했다. 경제적인 부분에서 건전한 불만족이 있다는 말은 당신에게 '욕망'이 존재함을 뜻한다.

↳ 당신의 현재 상황에 대해 감사하되, 만족하며 안주하지 않는 것을 말한다.

욕망은 능력을 꺼내는 열쇠다.

욕망이 있다면 당신에게는 보다 나은 경제적 상태를 만들어낼 수 있는 능력도 함께 있다는 것이다.

내가 굳이 이런 이야기를 하는 이유가 있다. 믿기 힘들겠지만, 굉장히 많은 사람이 지금보다 더 나은 경제력을 딱히 원하지 않는다. 즉, 욕망하지 않는다. 그들은 풍요롭지 못한, 항상

↳ 놀랍지만 사실이다.

'쪼들리는' 재정 상태에 이미 적응하고 익숙해졌다. 남들이 보기에 경제적으로 굉장히 힘들어 보이는데도 그들은 의외로 괜찮아한다. 그리고 보통 이렇게 생각한다.

'원래 내 팔자에 재물이 없어서 그래.'

'부자는 타고나는 거지.'

'불경기라 다 힘들지, 뭐. 나만 힘든가.'

'그놈의 돈, 돈, 거리지 좀 마. 사람이 사는 데 돈이 다가 아니야.'

이들과 다르게 당신에게는 건전한 불만족과 욕망이 존재하며, 결정적으로 현실을 바꿀 능력까지 있다. 무엇보다도 지금의 경제 상황을 정말 간절히 바꾸고 싶어 하지 않는가. '무슨 수를 써서라도 내가 이렇게 계속 살지는 않겠다'라는 간절한 마음으로 오늘을 살아가고 있다. 지금 겪는 경제적 고통은 머지않아 당신과는 상관없는 일이 될 것이다. 무조건 끝난다.

'셀프 퇴장'하거나 '버티지' 마라
그건 성공의 길이 아니다

———

고통스러울 정도로 힘든 시기를 보내는 (혹은 언젠가 그런 시기를 마주할지도 모르는) 당신에게 꼭 전하고 싶은 말이 하나 더 있다. 고통의 끝은 스스로 정할 수 있다는 것이다. 그러나 절대 '셀프 퇴장'하지는 마라. 이는 아마 가장 빠르게 고통을 끝내는 방법일 테다. 그러나 상황은 더욱 악화될 가능성이 크다. 무대 위에서 내려왔으므로 얼핏 상황이 바뀌고 편안함이 찾아온 듯 보이겠지만 스스로는 안다. 포기했다는 것을.
　　↳ 이게 가장 무서운 것이다.

그럼 끝까지 '버텨야' 하나? 정말 끝까지 버틴다면 폭우가 지나간 맑은 하늘을 볼 수 있으며, 스스로에 대한 뿌듯함을 느낄 수 있을지도 모른다. 그런데 그간 당신이 지불한 비용이 너무 컸다. 꽤 오랜 시간 정신적·육체적으로 엄청난 고통을 견뎌내며 '이 악물고' 버틴 결과 당신은 피폐해졌고, 소모되었다. '건강'을 대가로 지불한 탓이다. 회복된다면 그나마 다행이지만, 그렇지 못하다면 그 어떤 대단한 결과를 얻었다 한들 그건 성공하지 못한 것이다. 당신은 건강을 잃어버린 삶을 원하지 않았으니까. → 승자의 저주

그러니 '셀프 퇴장'해서도, 버틴다고 생각해서도 안 된다. 그렇게 끝내버리면 당신은 온전한 성공을 이룰 수가 없다. 과연 어떤 방식으로 고통스러운 시기를 보내야 할까? 그냥 '원래 이렇다'라고 생각하며 가야 한다. 지금 그 과정이 조금 많이 힘들어서 그렇지, 당신은 분명 '성공하는 중'이다. 앞서 성공의 과정을 하나의 커리큘럼으로 생각하라고 말했다. 지금 당신이 유독 그렇게 힘든 이유는, 그 과정의 끝에 있는 보상이 말도 안 될 정도로 크기 때문이다. 보상이 그 정도는 되어야 인생이 바뀐다. 보상이 그저 그런 소위 '적당한' 것들은 그 과정 역시 '적당한 수준'으로 힘들다. 그리고 그저 적당한 인생을 살아가기에 적합한 적당한 보상만 주어질 뿐이다. 세상에 공짜는 없다.

나 역시 너무나 힘들 때면 속으로 계속 되뇐다.
'도대체 내가 얼마나 잘되려고 이렇게 힘드나',
'얼마나 보상이 크기에 지금 이렇게 고된가'라고.

성공하려면 원래 이렇다.

그 말은, 내가 지금 순조롭게 성공하고 있음을 뜻한다.

이 과정이 지나면 나는 한 단계 또 성공한다.

성공 커리큘럼을 한 바퀴 돌고 나면, 그러니까 이 커리큘럼을 한번 이수하고 나면 그 경험은 고스란히 당신의 무의식에 남는다. 그래서 또다시 성공하기가 수월해진다. 분명히 지난번과 비슷한 수준의 어려움을 겪고 있는데도 체감상 무조건 덜 힘들게 느껴지게 되어 있다.

성공의 모든 과정을
한눈에 볼 수 있다면

'성공: 원하는 것을 이루는 것.'

아주 오래전부터 내 머릿속에는 '성공 여정 그림'이 있었다. 성공의 과정을 한눈에 볼 수 있는 그림이다. 내가 거쳐온 길을 돌아보며 지금껏 원하는 것을 이룬 과정이 모두 내 머릿속 성공 여정대로였음을 알게 되었다. 무형으로만 머릿속에 존재하던 '성공 여정 그림'을 물리적으로 현실화해보자.

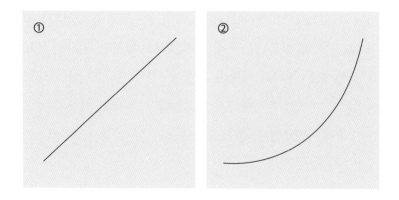

만약 성공의 여정이 ①과 같이 선형적으로 우상향하는 모양이라면 지금보다 성공하는 사람은 훨씬 많을 것이다. 매주, 매달, 그리고 매년 조금씩 인생의 목표를 향해 다가가고 있음이 눈에 보이니 지칠 리도 없고, 이러다 망하는 건 아닌지 무서워하거나 답답해하지 않아도 되니까. 무엇보다 저렇게 이상적으로 목표에 다가갈 수만 있다면 추진력을 계속 얻을 수 있을 테니 더할 나위 없이 좋다. 그런데 이렇게 마냥 좋기만 한 여정은 없다. 무언가 새롭게 시도할 때, 특히나 투자의 영역에서는 저렇게 이상적으로 너무 좋으면 대부분 사기일 때가 많다. 혀가 말릴 정도의 충격을 겪으며 직접 경험했기에 장담할 수 있다.

②는 흔히 '복리의 마법'을 설명할 때 많이 쓰이는 그래프

지만, 아쉽게도 성공의 여정을 보여주지는 못한다. ② 역시 ①
과 마찬가지로 아름다운 우상향을 그리고 있지만, 원하는 목표
를 위한 모든 계획과 행동이 저렇게 매달, 매년 단 한 차례도
빠짐없이 매끄럽게 진행되지는 않는다. 그렇다면 성공의 여정
은 도대체 어떤 모습을 하고 있는가?

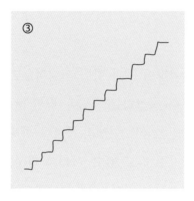

③이 바로 내가 생각하는 성공 여정을 나타낸 그림이다. 대
략 계단 모양과 비슷하다. 이 그래프가 성공 여정이라고 생각
해보자. 한 단계 '레벨 업'을 하기 전까지는 그다음에 기다리는
길이 평지인지, 오르막인지, 내리막인지 알 수 없어서 불안하
지만, 성공하려면 이런 길을 계속 걸어가야만 한다. 그런데 내
생각에는 ③도 성공 여정의 실제 모습은 아니다. 누구나 한 번

쯤은 겪어봤으며, 지금도 겪고 있고, 앞으로도 겪게 될 그 여정을 설명하기에는 너무 불친절하다.

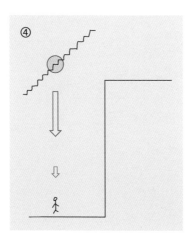

다음 그림을 보자. ④는 ③을 한 번 더 확대한 것이다. 어떤 느낌이 드는가. 생각보다 한 단계 '레벨 업'하기까지, 그러니까 하나의 성공을 해내기까지의 길이 꽤 길다. 일주일, 한 달 혹은 1년을 걸어야 할 수도 있다. 그러나 한 단계 성장하는 순간, 생각보다 압도적으로 큰 성공을 이루었음을 그림을 통해 체감할 수 있다. 멀리서 보면 사소해 보였던 아주 작은 계단 하나를 올라서는 것이 이토록 힘들고 이토록 위대한 일이었다.

그런데 ④ 역시도 여전히 내 무의식에 각인되어 있는 '성공으로 가는 길'을 정확히 표현하지는 못하고 있다. 한 번 더 확대해보자.

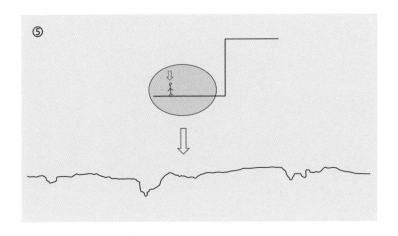

⑤와 같이 멀리서 볼 땐 평평한 평지 같았던 저 길이 실제로는 이러하다. 지금 이 길의 모양을 보며 공감하는 이들이 많을 것이다. 한 단계 레벨 업하기까지, 하나의 성공을 해내기까지 걸어가야 하는 길이 사실은 상태가 별로다. 당신이 정말 미치도록 힘든 이유다.

그럼 이렇게 힘들다는 게 도대체 어느 정도를 말하는지 마지막으로 확대해보자. '원래 이렇게 힘들다'라는 말이 무엇을 의미하는지 ⑥을 보면 알 수 있다. 원래 성공하기까지의 과정

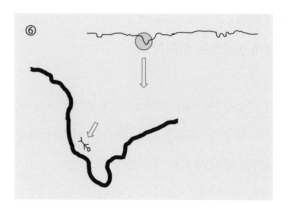

이 이러하니, 사람인 이상 힘들 수밖에 없다. 그리고 이런 시기는 누구에게나 무조건 찾아온다. 끝없이 이어지는 길을 걷다가 고꾸라지면서 스스로 깊은 구렁텅이 속에 빠져 있음을 인식하는 순간, 너무 많은 이들이 '자체적으로 종료'를 한다. 포기하는 것이다.

　그런데 당신이 만약 '셀프 퇴장'을 하지 않고 계속 걸어간다면 어떻게 될까? 이미 너무 많은 이들이 퇴장해버렸기 때문에 경쟁률 자체가 엄청나게 줄어들어 있다. 사실 성공해본 사람들은 이를 너무나도 잘 알고 있다. 결국 경쟁이란 '그들만의 리그'라는 사실을 말이다. 이런 과정을 거치며 살아남은 오직 '소수'만이 성공을 한다.

'그들만의 리그'라는 걸 꼭 기억하길 바란다. 그 리그에 엄청난 재능을 지닌 사람들은 거의 대부분 이미 '셀프 퇴장'해서 없다.

버티지 마라
순조롭게 성공하는 중이다

———

각자가 원하는 성공은 모두 다르다. 수십, 수백억을 벌어들이는 것만이 성공이 아니다. 다른 누가 아닌 당신이 원하는 것, 그리고 원하는 삶이 현실화되고 일상이 되는 것이 바로 성공이다. 다만, 세상에 공짜는 없기에 원하는 것을 이루는 과정에서 정말 '거지 같고' 말도 안 될 정도로 힘든 상황이 있다. 그건 너무나도 당연하다. 그렇게 당연하다고 생각해야 스스로 퇴장하지 않을 수 있다. 그만두지만 않으면, 당신은 생각했던 것 이상으로 엄청나게 큰 보상, 즉 인생이 '레벨 업'되는 보상을 받을 수 있다. 그리고 이런 과정은 '처음 딱 한 번'이 전부다. 이 '성공 프로세스'가 당신의 무의식에 깊이 각인되기 때문이다.

마지막으로 꼭 기억해야 할 것이 있다. 당신이 그렇게도 힘든 이유는 '레벨 3'인 당신 앞에 '레벨 6'인 문제가 놓여 있기 때문이다. 당신보다 두 배나 더 높은 문제를 마주하고 있으니 어렵고 힘들 수밖에 없다. 그런데 앞서 살펴본 그림들과 같이 원래 그 길이 그렇다고 생각하며 담담하게 모든 과정을 거치고 나면, 당신은 더 이상 '레벨 3'이 아니다. 시간이 조금 더 지나 '레벨 8'에 이르면 당신을 그토록 힘들게 했던 '레벨 6'의 문제는 더 이상 문제로

인식조차 되지 않는다. 어떤 일이 당신이라는 사람의 레벨보다 높을 때만 '문제'가 되니까. 똑같은 일, 똑같은 상황일지라도 당신의 레벨이 더 높다면 그건 그냥 이벤트 정도로 스쳐 지나갈 뿐이다.

얼마나 큰 보상이 기다리고 있기에
지금 내가 이렇게 힘든가.
세상에 공짜가 어디 있나.
성공은 원래 이런 거다.
지난번에도 하니까 결국 되던데.
이번에도 '그냥' 하자.

이렇게 생각하고 소리 내어 말해보라. 여의찮다면 속으로라도 계속해서 말하라.

혹시 당신은 오늘 하루를 잘 버텨냈는가? 만약 그랬다면 내일은 버티지 않았으면 좋겠다. 다만 '순조로운 성공 중'이라고 당신의 무의식에 계속 말해줄 수 있는 하루가 되기를 진심으로 바란다.

이제 인생의 비대위를
가동할 시간이다

당신은 무엇을 간절히 원하는가? 나는 지금껏 수많은 이들을 만나면서 '간절히 원하는 삶'과 '반드시 이루고 싶은 목표'를 가진 이들이 생각보다 많지 않다는 사실을 깨달았다. 물론 인생을 바꾸고 싶어 하는 이들도 분명 많다. 그런데 정말 안타깝게도 이들조차 꼭 이루고 싶은 목표가 있다고 하지만, 그 생각의 밀도는 그다지 높지 않았다. 가만히 지켜보면 그 밀도는 점심 혹은 저녁으로 무엇을 먹을지 고민하는 정도였다. 그들의 사고는 이런 식으로 흐른다.

'이거 내가 진짜 해내고야 만다! 음, 올해까지는 너무 바쁘니까 그 이후에 제대로 생각해보자.'

'진짜 하긴 해야지…. 그래야 해. 그런데 그거 아무나 하는 게 아니라던데. 아…. 해야 하나?'

이런 식의 사고는 '저녁에 초밥 먹고 싶은데, 안 되면 그냥 다른 거 먹고' 하는 식의 생각 밀도와 똑같다. 그만둘 이유는 많다. 오늘은 숙취가 심하고, 너무 피곤하고, 정말 오랜만에 지인과 저녁 약속이 있고, 넷플릭스에 기다리던 드라마 시즌2가 드디어 나왔고…. 그러는 사이 시간은 흐르고 당신의 상상은 점차 흐려진다. 상상은 현실화되지 못하고 '공상'의 영역에 남아 방치된다.

당신은 어떠한가? 간절히 원하는 그 삶에 대해 지난 한 주 혹은 지난 한 달간 얼마나 생각해보았는지 떠올려보라. 혹시 '생각날 때만 생각'한 것은 아닌가? 인생을 바꾸고 싶다면 '생각날 때만' 생각하는 정도로는 안 된다. 교세라의 창업주이자 일본항공의 회장이기도 했던 이나모리 가즈오는 이렇게 말했다.

"피 대신 생각이 흐르게 하라."

나는 이 말을 마음속에 새기며 살았다. 태어나서 지금까지 쭉 그렇게 살았다는 게 아니다. 내 인생을 바꾸어야겠다고 작정한 시점부터 그렇게 살았다. 간절히 원하는 것이 있다면 이렇게 해야 한다. 인생을 바꾸기로 결심한 뒤로 몇 년간은 내 인생의 '비상대책위원회'(이하 '비대위')를 가동했다. 인생을 긴 마라톤이라고 한다면, 100미터를 전력 질주하는 속도로 완주할 수는 없다. 그러므로 평소에는 목표를 위해 해야 할 일들을 '그냥' 하면 된다. 그러다가 전력 질주해야 할 순간이 오면 인생의 '비대위'를 가동한다.

도대체 얼마 동안 전력 질주하는 비대위의 상태를 유지해야 할까? 사람에 따라, 그리고 목표가 무엇인지에 따라 비대위를 가동해야 하는 기간은 다 다르다. 그러나 이건 명확히 말할 수 있다. 미천한 내 경험상 자신만의 비대위를 가동하지 않고 성공한 사람은 아직까지 단 한 명도 본 적이 없다는 것이다. 쉬지 않고 계속 밀어붙이며 인생을 살라는 말이 아니다. 오해하지 말기를. 당신 인생에서 며칠, 몇 달 혹은 몇 년 동안만이라도 '인생 비대위'를 '풀가동'하라. 마침내 목적지에 도착하고 나면 스스로를 자랑스럽게 여기며 쉴 수 있는 시간 역시 충분히 마련되어 있다.

나는 왜 730일 동안
똑같은 옷을 입었는가

지금부터는 내 인생의 비대위를 가동한 경험담이다. 직장인 시절, 인사 부서장의 자리에 막 오르고 나서의 일이다. 그때 나는 내 커리어에서, 더 크게는 내 인생에서 이 시점이 너무나 중요하다고 생각했다. 소위 '유능한 부서장'으로 자리매김할 수 있는 좋은 위치에 서 있었다. 무엇이든 첫인상이 중요한 법인데, 직장 내 평판도 마찬가지다. 처음 부서장으로 발령받은 시점에 현명하게 맡은 업무를 잘 풀어가는 모습을 보인다면, 그다음부터는 '직장 내 좋은 평판'이 나에게 레버리지로 작용할 것임을 알고 있었다. 그러고 나서는 비대위를 가동하지 않고
레버리지는 삶의 모든 영역에서 '이용'할 수 있다.
그저 내 일을 '그냥' 하는 것만으로도 일 잘한다는 평판을 얻을 수 있을 터였다. 내 인생 전체를 놓고도 생각해보았다. 이 시점에서 비대위를 가동해 직장 내 포지션을 확실히 다져놓으면, 그때는 일에 치이지 않고 내 할 일을 하면서 경제적 자유를 이루기 위한 인생 계획들을 하나둘씩 실현해낼 수 있다는 확신이 들었다. 물론 내가 대단한 분석력이 있어서 알아낸 것들이 아니다. 상상으로 시각화하다 보면 이렇게 1~2년 뒤의 아주 세밀한 모습까지 보인다.

나는 인생의 비대위를 본격적으로 가동하기로 했다. 기간은 길어야 2년이면 충분하다고 봤다. 좋아하던 독서도 끊었다. 투자 공부도, 여가 시간도 다 포기하고 그 시점의 우선순위에 따라 커리어에 완전히 집중했다. 즉, 비대위의 안건은 오직 하나여야 한다. 그리고 그 안건은 그 시점에서 '인생 우선순위' 1순위인 것이어야 한다. 내가 비대위을 가동하기 시작하자 비대위의 유일한 안건인 '커리어'와 관련 없는 것들에는 시간과 에너지를 쓸 겨를조차 없었다. 애당초 '신경이 쓰이지 않았다'는 말이 더 정확할 것이다.

직장 생활 내내 아침마다 나를 고민하게 했던 '착장'도 마찬가지였다. 내가 다니던 직장은 복장이 자유로운 편이어서, 입사 초기에는 매일 무슨 옷을 입을지도 꽤나 고민이었다. 그런데 부서장이 되고 나니 각종 회의와 위원회 등 공식적인 자리에 참석할 일이 늘어나며 정장을 입어야 하는 날이 많아졌다. 인사 부서장으로서 업무는 생각 이상으로 가혹했다. 매일 '나'라는 사람의 100%를 모조리 불태운 후에야 집으로 돌아올 수 있었다. 이런 생활이 이어지는 와중에 내일 무슨 옷을 입어야 하는지 고민한다는 자체가 부질없게 느껴졌다. 내 인생 우선순위 '후보 목록'에조차 없었던 착장 고민은 그렇게 폐기되었다.

그날부터 짙은 남색 정장, 그 한 벌만 매일 입었다. 그렇게 730일 동안 같은 옷과 같은 구두를 신고 살았다. 교복을 입었던 중·고등학교 시절이 가끔 생각나기도 했다. 생각해보면 학생 시절엔 '오늘 뭐 입지?' 하는 고민 자체가 없었다. 시간이 지나면서 똑같은 옷만 입고 다니는 것이 익숙해지고 너무 편해졌다. 아침마다 옷을 고르는 고민이라는 한 가지 카테고리를 인생에서 삭제하고 나니, 마치 작지만 내 삶의 한 부분을 차지했던 부분이 깨끗하게 정리되는 기분마저 들었다.

미쳤다는 소리를 들어라
그리고 실제로 미쳐라
목표는 그냥 이루어진다

730일 동안 똑같은 옷만 입고 그 시점의 최우선순위에 집중한 결과는 어땠을까? 2년 동안 인사 고과 최고 등급인 'S'를 받았다. 처음에 예상했던 대로 그다음 1년은 비대위를 가동하지 않았음에도 불구하고 다시 'S'를 받았다. 결과적으로 3년 연속 최고 인사 고과를 받았다.

내가 일을 뛰어나게 잘한다거나 일머리가 좋아서 가능했던 일이 아니다. 세상에는 정말 똑똑하고, 창의력 넘치며, 일 잘하는 사람들이 너무나 많다. 이런 사람들 틈에서 내가 어떻게 그들보다 '잘했다고' 평가받을 수 있었을까? 정말 딱 한 가지 이유다. 그 똑똑하고 창의력 넘치는 직원들은 대부분 '그냥 월급을 받기 위해' 회사에 다녔다. 이건 당연하다. 나쁜 것도 아니다. 우리는 모두 월급을 받기 위해 회사를 다니고, 그렇게 돈을 벌고 생활하며 가정을 꾸린다. 다만 그 유능한 직원들은 거기서 그치다 보니 그냥 '직장인'이 되었다. 나 역시 직장인이었지만 730일 동안의 나는 '직업인'이었다. 피고용인이 아닌 직업인으로, 인사 부서장으로, 인사 전문가로 매 순간 업무에 임했다. 비대위를 가동했던 그 시기만큼은 그저 월급을 받기 위해 직장을 다니는 '직장인'이 아니었다. 그들과 나의 차이는 단지 이것뿐이었다. 즉, 나는 삶의 최우선순위에 그 누구보다 집중했던 것이다. 그 누구라도 나와 같이 비대위를 가동했다면, 나보다 훨씬 더 잘했을 것이다. 다만 그렇게 할 이유도, 동기도, 필요도 느끼지 못하기 때문에 아무도 그렇게 하지 않았을 뿐이다.

'재테크'와 '투자'가 나에게 1순위이던 때도 있었다. 많을 땐 하루에 3권씩 수백 권의 책을 읽고 필기하며 온전히 내 지식으로 흡수했고, 수천 편의 영상을 찾아보았으며, 인터넷을

뒤지며 관련 정보를 찾아냈다. 지방에 살고 있었기에 주말마다 KTX를 타고 서울에 강의를 들으러 다녔고, 같은 장소에 최소 열 번 이상씩 임장을 갔으며, 경매에 입찰하러 법원에 갔고, 틈 날 때마다 중개사무소를 찾았다. 아침에 눈을 떠서 잠들 때까지 정말 '투자' 하나만 생각했다. 지인과의 만남, 여행, 쇼핑, 일상의 소소한 즐거움 같은 후순위 일들은 과감히 포기했다. 내 인생에서 바로 지금이 투자에 집중할 때라고 생각했기 때문이다. 그렇게 나는 결국 사십 대를 맞이함과 동시에 경제적 자유를 이루고 '파이어'를 할 수 있게 되었다.

재테크를 통해 1억 원을 모았던 순간이 가장 기억에 남는다. 스스로가 너무 대견하고 뿌듯한 마음에, 통장에 찍힌 '1억'이라는 숫자를 사진으로 찍어서 스마트폰에 저장했다. 그다음 10억 원은 1억 원을 모을 때보다 훨씬 짧은 기간에 달성했다. 그다음도 마찬가지였고, 자산이 모이는 속도는 점차 빨라졌다. 지금의 나는 '누구나 자신이 원하는 삶을 현실화할 수 있음을 단 한 사람에게라도 더 알리기'라는 더 크고 명확한 목표를 위해 또다시 집중하고 있다.

당신 인생에서
1순위는 무엇인가

———

나는 참 대단할 것 없는 사람이었다. 불과 몇 년 전까지만 해도 평범한 월급쟁이 직장인에 지나지 않았다. '금수저'도 아니었고, 투자나 재테크의 흐름을 본능적으로 포착해내는 탁월한 감각의 소유자도 아니었으며, 타고난 사업 수완이 있지도 않았다. 세상에는 위대한 성과를 낸 사람들이 무수히 많으며 나보다 자산이 많은 사람은 더더욱 많다.

앞서 '나는 참 대단할 것 없는 사람이었다'라고 말한 이유가 있다. 수많은 시간, 무려 30년에 가까운 긴 시간 동안 나는 실제로 그렇게 생각했고, 그렇게 믿어왔다. 그랬더니 놀랍게도 믿었던 그대로 '대단할 것 없는 삶'이 현실화되어 펼쳐졌다. 어느 순간부터 그런 삶을 바꾸고 싶었다. 나는 제일 먼저 나 자신과 많은 대화를 했고, 어쩌면 내가 그리 대단할 것 없다는 그 믿음이 가짜일 수도 있다는 사실을 눈치챘다. 눈치를 챈 이상 이전과 똑같이 살 수는 없었다. 그렇게 나는 삶의 우선순위를 매기고, 시기별로 '인생의 1순위'에 집중했다. 그리고 마침내 나는 내 인생을 바꿨다.

세상에 공짜는 없다. 비대위를 가동하며 1순위에 집중하는 대신 후순위의 일들은 잠시 멈춰야 한다. 1순위에 70% 집중하고 2순위에는 20%, 3순위에는 10% 정도의 에너지를 쏟겠다는, 언뜻 치밀해 보이는 그런 계획은 세우지 않기를 바란다. 만약 1순위에 70%를 집중하겠다는 계획으로 움직인다면, 당신이 원하는 삶의 70% 정도가 현실이 될 것이다. 다시 한번 강조한다. 세상에 공짜는 없다. 모든 일에 집중한다는 것은, 그 무엇에도 집중하지 않는다는 것을 의미한다.

살면서 인생의 '비대위'를 여러 차례 가동해본 경험은 나에게 감히 돈으로 환산할 수 없는 자산이 되었다. '그 누구라도' 인생의 우선순위, 1순위에 집중한다면 원하는 삶을 살 수 있다는 사실을 깨달은 것이다. 집중하는 비대위 시기를 거치며 사람은 변화한다. 나에게는 절대 없다고 생각했던 능력들이 사실은 존재했음을 알게 되고, 나 같은 사람은 섣불리 시도하면 안 된다고 생각했던 일들을 너무나 자연스럽게 하게 된다. 또한 맨 처음에 '비현실적'으로 보였던 그 목표가 점차 그렇지 않다는 것을 깨닫게 된다. 그리고 어느 순간 '이거, 되겠는데?' 하는 그 소름 돋는 느낌, 그 전율을 당신도 느낄 수 있다.

사람마다 그리고 같은 사람이더라도 삶의 시기와 처한 상황에 따라 인생의 우선순위는 달라진다. 그러나 누구나 한번은 반드시 '집중'해야 할 시기가 온다. 이렇게 1순위에 집중해야 하는 이유는 사실 매우 명확하다. 우리에게 주어진 시간이 무한하지 않기 때문이다. '시간'이라는 단어를 '인생'이라는 단어로 바꿔보자. 우리의 인생은 유한하다. 단 1초도 멈추지 않고 위에서 아래로 쉼 없이 떨어지고 있는 모래시계가 바로 당신의 시간이고 인생이다. 위에 얼마나 많은 모래가 남아 있을 것 같은가? 그건 아무도 알 수 없다. 이것이 바로 살면서 단 한 번은 집중해야 하는 이유다.

그러면 어떤 것이 인생의 1순위여야 하는가? 여기에는 기준이 있다. '지금' 하지 않으면 영원히 할 수 없는 것이 첫 번째 우선순위가 되어야 한다. 73세에 투자 공부를 시작할 것인가? 42세에 대기업 '대졸 신입 공채'에 지원할 수 있는가? 모래 알갱이는 아래에서 위로 올라가지 않는다. 반면에 우선순위 '73위' 정도 되는 일들은 어떠한가. 멋있는 자동차를 새로 사는 것, 명품 가방과 새 옷을 사는 것, 게임을 하는 것들은 스무 살에도 할 수 있고 마흔 살에도 할 수 있다. 언제든 할 수 있다는 말이다. 유한한 인생에서 당신은 무엇에 집중할 것인가?

멈추지만 마라
그러면 된다

___

미리 말해두겠다. 1순위에 집중하며 앞으로 나아가는 길이 그리 순탄치만은 않다. 제대로 마음먹고 집중 좀 해보려 하면 막상 이것저것 신경 쓰게 하는 일도 많고, 상황은 또 왜 이렇게 꼬이는지…. 단 하나에 집중하고 싶지만 오히려 기다렸다는 듯 동시다발적으로 발생하는 각종 문제들로 이루 말할 수 없이 막막할 것이다.

도대체 왜 그런 것인가? 집중하며 나아가는 그 길이 잘 포장된 도로가 아니기 때문이다. 두 발이 푹푹 빠지는 진창길이다. 힘겹게 떼는 발걸음마다 발은 푹푹 빠져 움직이기도 힘들다. 당신을 힘겹게 하는 그 진흙은 '안전함', '안락함', '편안함', '리스크', '무서움', '포기'와 같은 성분들로 구성되어 점성이 높다. 그래서 더 힘들다. 여기서 그냥 주저앉아버리면 순식간에 편안해진다는 것을 아니까, 한 걸음 한 걸음 뗄 때마다 힘겨운 탄식이 속 깊은 곳에서부터 올라올 것이다.

그럼에도 불구하고. 제발 멈추지만 마라. 느려도 괜찮다. 정말이다. 느려도 상관없다. 그렇게 하찮은 걸음이라도 조금씩 옮겨 가는 어느 순간, 이제 진흙 위를 조금은 편하게 걷고 있는 당신을 발견할 수 있다. 당신도 모르게 발목과 종아리, 허벅지와 허리 근육은 단단해진다. 조금 더 지나면 심지어 휘파람도 불면서 걸을 수 있다. 그리고 머지않아 당신은 뛴다. 내가 뼈저리게 느껴봤기에 이렇게 말할 수 있다. 여전히 간절하게 인생을 바꾸고 싶다면 지금 한 발만 앞으로 내딛기를 진심으로 바란다. 어떤 순간에든 멈추지만 마라. 그러면 된다.

남들보다 1년 더
길게 사는 법

　물건을 사고 지불한 가격의 일부를 현금으로 돌려받는 것을 '캐시백'이라고 한다. 그런데 우리 인생의 시간도 이렇게 돌려받을 수 있다는 사실을 아는가?

　누구에게나 '1년 12개월 365일'이라는 시간은 똑같이 주어진다. 그러나 누군가는 1년을 13개월, 심지어 14개월로도 살아간다. 나는 이를 '인생 캐시백'이라고 부른다. '인생 캐시백'은 말 그대로 이미 써버린 시간을 다시 돌려받는 것을 의미한다. 의미 없이 그냥 '버렸던' 시간을 '원하는 삶'을 위해 고스란히 사용할 수 있다는 말이다. 지금부터 '인생 캐시백'에 대해 알아보자.

1년을 11개월로 사는 사람,
1년을 13개월로 사는 사람

———

현대인들이 입에 달고 사는 말이 있다. "시간이 없다." 이 말은 공허하다. 우선 그 누구도 시간이 없다는 당신의 절박한 외침에 공감해주지 않는다. 시간이 없으니 보고서를 늦게 내도 괜찮다고 하는 회사는 없으며, 시간이 없다고 늦게 온 사람을 기다려주는 버스나 지하철도 없다. 직장 동료나 주변 지인들이 안타까운 표정을 지으며 고개를 끄덕여줄 수는 있겠으나 딱 거기까지다. 사람은 본래 자기가 직접 경험하지 못한 상황을 '진심으로' 공감할 수 없다. 그건 그들이 나빠서가 아니라 사람이기에 그렇다. 시간이 없다는 말이 공허한 두 번째 이유는, 이상하게도 시간이 없다고 생각하면 할수록 시간은 실제로 더 없어지기 때문이다. 조금 더 서두르고 빨리하려고 할수록 실수가 많아져 시간을 더욱 지체시킨다. 급히 가야 하는 길에 계속 '빨간 신호등'이 들어오는 상황과 똑같다.

그런데 생각해보자. 아무리 바쁜 사람이라 할지라도 누구에게나 이동하는 시간은 있다. 출퇴근, 등하교를 비롯해서 사람은 어딘가를 오고 가며, 그때 소요되는 시간은 무조건 발생할 수밖에 없다. 그렇게도 바쁘다는 그 사람들은 정작 이동하는 시간을 그저 의미 없이 흘려보내곤 한다.

과거의 나 역시 마찬가지였다. 직장 생활을 했던 10년 동안 하루에 1시간을 출퇴근하는 데 썼다. 한 해 평균 근무 일수가 약 250일이니 1년 동안 출퇴근에 250시간을 썼고, 10년 동안 대략 2,500시간을 쓴 것이다. 정규 근무시간이었던 8시간으로 환산하면 총 312일, 1년 2개월을 더 일한 셈이다. 그러나 이를 근무시간으로 인정해주는 회사는 없다. 나는 지금 회사나 사회의 시스템이 불합리하다고 말하려는 것이 아니다. 내가 하고 싶은 말은 회사가 인정해주지도 않는데 '1년 2개월'을 '셀프'로 일하는 상황을 개선해야 한다는 것이다. 우리는 이 시간을 돌려받아야 한다. 회사로부터가 아닌, 우리 스스로 돌려받을 방법을 찾아야 한다. 당신이 만약 과거의 나와 비슷하게 출퇴근 시간을 쓰고 10년 정도 근속했다면 회사가 인정해주지 않는 1년 2개월이라는 엄청난 시간을 '셀프'로 일한 셈이다. 이는 대부분의 직장인들에게 해당하는 이야기리라. 그렇다면 이 시간을 어떻게 돌려받을 수 있을까? 돌려받는다면, 그 시간을 어떻게 활용해야 할까?

방법은 간단하다. '들어야 한다'. 그냥 들으면 된다. 대중교통을 이용한다면 이어폰을 꽂고, 운전을 한다면 오디오를 켜보자. 그리고 당신이 원하는 삶, 바로 그 목표와 관련된 콘텐츠를 듣는 것이다. 유튜브, 오디오북, 온라인 강의…. 그 무엇이든 좋다. 별것 아닌 듯하지만 10년간의 내 경험상 이것이야말로 '진짜 대단한 별것'이었다. 적은 노력으로 비교적 편안하게 '나'라는 사람의 수준을 올릴 수 있었다. 무엇보다 이는 나의 시간, 그러니까 인생을 '캐시백' 받을 수 있는 유일한 방법이다.

'음악' 대신 '오디오북'
들었더니 벌어진 놀라운 일들

물론 나도 처음부터 '인생 캐시백'을 적극적으로 쌓지는 못했다. 직장에 다니던 10년 중 초반 5년은 출퇴근을 하는 동안 음악을 들었다. 찌푸려진 미간이 도무지 펴지지 않는 출근길에는 영화 '어벤져스 OST'와 같은 웅장한 음악을 들으며 에너지를 얻고자 애썼고, 퇴근길엔 편안한 음악을 들으며 오늘 하루도 무사히 잘 버텨낸 자신을 다독였다. 이것도 그리 나쁘지만은 않았다.

그런데 딱 거기까지였다. 어느 순간 문득 돌이켜보니 5년의 시간은 기억이 잘 나지 않을뿐더러 특별한 변화나 성장 또한 없었다. 그런데 내가 인생을 바꾸겠다고 결심하면서부터 상황이 달라졌다. 직장 생활 후반부 5년간은 음악이 아닌 '경제적 자유'에 도움이 되는 여러 가지 콘텐츠를 날마다 출퇴근길에 들었다. 특히 오디오북은 지금의 나를 만들어준 '최고의 조력자'다. 차에 시동을 거는 순간부터 유튜브, 오디오북, 온라인 강의에서 나오는 좋은 정보는 내가 마치 한 기업의 CEO가 된 듯한 기분을 느끼게 해주었다. 빡빡한 하루 스케줄을 소화하고 차에 타서 오디오북을 들으면, 마치 엘리트 비서가 중요한 정보를 나에게 브리핑해주는 느낌이 들었기 때문이다. 실제로 엘리트 비서를 고용한다면 어느 정도의 연봉을 지불해야 할까? 눈이 번쩍 뜨일 만큼의 금액일 것이다. 그런데 나는 사실상 무료로 그것도 5년 동안 매일 고급 정보를 브리핑받았다. (그리고 매우 놀랍게도 지금 이 글을 쓰고 있는 나는 실제로 한 기업의 CEO가 되었다. 지금도 나는 여전히 나만의 무료 '엘리트 비서'와 함께하고 있다.)

그때 5년간 들었던 내용들은 음악과 달리 대부분 또렷이 기억난다. 그 당시 들었던 수많은 통찰과 정보는 성장의 밑거름이 되었다. 간다 마사노리의 『비상식적 성공 법칙』에도 비슷한 이야기가 나온다. 그는 단기간에 성공한 기업가들이 이동 시간 중에 하나같이 오디오를 듣는다는 사실을 발견했다고 한다. 들어야 한다. 듣는 것만으로도 당신은 원하는 삶을 1년, 3년, 어쩌면 5년이나 더 빨리 이룰 수 있다.

무급으로 일했던 시간을
수백 배로 돌려받아라

———

이렇게 출퇴근 시간에 오디오로 콘텐츠를 듣는 데는 크게 3가지 효과가 있다.

첫째, 출근길을 통해 인생을 바꿀 수 있다

출퇴근 시 이용하는 자가용, 지하철, 버스를 움직이는 서재로 만듦으로써 '셀프 근무시간'을 인생을 바꾸는 데 사용할 수 있다. 무급으로 일했던 250시간을 100% 돌려받는 것은 물론이고, 이 시간을 통해 인생을 완전히 바꿀 수 있다는 말이다. 우리 일상에서 '캐시백'은 낸 돈의 '일부'만 돌려받는 데 그치지만, '인생 캐시백'은 수백, 수천 배의 가치로 당신에게 돌아올 것이다.

둘째, 자연스럽게 동기 부여가 된다

자신의 꿈과 관련된 콘텐츠들을 들으면 들을수록 내면에서 무언가 꿈틀거리는 느낌을 받을 것이다. 나 역시 그러했다. 오디오를 듣는 것만으로도 매일 자연스럽게 동기 부여가 되었다. 이게 바로 데일 카네기가 말한 '마이너스를 플러스로 바꾸는 방법'이다. 대부분의 사람에게 출퇴근은 그저 피곤한 '마이너스'의 시간일 뿐이다. 그런데 이 시간에 유용한 콘텐츠를 듣는다면 당신은 마이너스를 플러스로 바꾸고, 궁극적으로는 인생을 변화시킬 수 있을 것이다.

셋째, 콘텐츠의 내용이 무의식에 더욱 잘 각인된다

보통 한 번 읽은 종이책은 책장에 잘 꽂아두고 방치하기 쉽다. 몇 주, 몇 달이 지나면 책의 내용은 사실상 거의 잊힌다. 당신의 기억력에 특별히 문제가 있어서가 아니다. 인간은 원래 그러하다. 기억과 망각에 대한 실험 연구 분야를 개척한 독일의 실험 심리학자 헤르만 에빙하우스에 따르면, 인간은 학습하고 난 뒤 하루만 지나도 70%를 망각하며, 한 달이 지나면 거의 80%를 잊어버린다고 한다. → 두 달 뒤에는 90%를 망각한다. 예전에 읽었던 책 내용이 기억나지 않는 이유이다.

우리는 이러한 치명적인 약점을 오디오북으로 만회할 수 있다. 오디오북은 대중교통을 이용하거나, 운전 혹은 산책을 할 때 무제한으로 다시 들을 수 있다는 장점이 있다. 나 역시 출퇴근길에 똑같은 오디오북을 수차례 반복해 들었다. 두 번째, 세 번째 들을 때는 1.2배속, 1.4배속까지 속도를 올려 완독에 걸리는 시간을 줄였다. 우리 뇌는 가장 익숙한 정보부터 인식한다. 따라서 처음 들을 때는 원래 알고 있던 지식, 또는 그것과 유사하거나 관련된 정보밖에 인식하지 못하지만, 반복해서 들으면 처음에는 낯설게 느껴졌던 정보도 추가로 받아들이게 된다.

당신에게 3년의 인생이 추가된다면
어떤 기분이 들 것 같은가

간다 마사노리는 심지어 '듣는 것'만으로도 실제 행동으로 옮기는 일이 훨씬 수월해진다고 강조한다. 과거의 나를 포함해 많은 이들이 종이책에 비해 오디오북은 집중하기 어렵다고 우려한다. 오디오는 흘러나오는데 잠시 멍하니 다른 생각에 빠져 제대로 듣지 못했던 경험은 누구나 한 번쯤 있을 것이다. 간다 마사노리는 이런 우려를 정면으로 반박한다. 멍하게 있을 때일수록 뇌파는 알파파 상태에 가까워지고, 그런 상태에서 '자신도 인식하지 못하는 사이에' 내용들이 무의식에 더 잘 새겨진다는 것이다. 무의식에 각인이 더 잘된다는 것은, 자연스럽게 행동하게 만드는 힘이 향상됨을 의미한다.

우리는 멍하게 있을 때 긍정적인 생각보다 부정적인 생각을 훨씬 많이 떠올린다. '내일 그거 어떡하지', '시간이 너무 없는데', '피곤하다', '아, 그 사람 진짜 싫다' 이런 생각들이 꼬리에 꼬리를 물고 이어지기 마련이다. 이때 오디오북을 들으면 부정적인 생각을 원천적으로 차단할 수 있다. 스스로에게 부정적인 생각을 할 틈을 주지 않는 것이다. 그러니 이제 오디오북을 통해 인생을 바꾸는 작업을 차근차근 진행해보라. 물론 오늘 오디오북을 듣는다고 내일 인생이 바뀌지는 않는다. 그러나 장담컨대, 내년쯤 당신의 인생은 오늘과는 사뭇 달라져 있을 것이다.

이제 당신의 선택만 남았다. 1년에 250시간, 30년이면 무려 3년이 넘는 시간이다. 다른 말로 하면 당신의 인생에 3년이 추가되는 셈이다. 이건 SF영화에서 나오는 설정이 아니다. 실제로 당신이 획득할 수 있는 시간이다. 당신은 어떤 인생을 선택할 것인가?

제5원칙

고립된 자,
성공한다

도로가 아닌
끈적거리고 푹푹 빠지는 진창길,
당신은 그 길을 걷는다.
한 걸음씩 내디딜 때마다
힘겹다는 생각에 발목이 무겁다.

그러나 당신의 발목과 종아리,
무릎, 허벅지는 조금씩 단단해져 간다.
눈에 띄지 않을 뿐.
조금만 더 그렇게 계속 걸어라.
멈추지만 마라.

내게도 정말이지 힘든 날들이 많았다. 분명히 잘하고 있고 '성공하는 중'이라는 걸 확신했지만, 그럼에도 '빛나는 트로피'가 언제 눈앞에 나타날지 알 수 없는 상황에서 모든 에너지를 쏟아부은지라 몸과 마음이 힘든 날이 참 많았다.

마음이 유난히 힘들어 목 끝까지 물이 차오른 것 같은 느낌이들던 어느 날이었다. 늦은 새벽까지 잠을 이루지 못하다 불을 끄고침대에 누웠다. 온갖 생각이 꼬리에 꼬리를 물고 떠올라 잠을 이룰수 없었다. 이대로는 무슨 수를 써도 잠들지 못할 것 같아 다시 불을 켜고 그때의 생각들을 전부 일기장에 옮겨 적기 시작했다. 그때남겼던 일기 전문을 수정 없이 그대로 싣는다.

"뭔가에 집중할 때, 다른 일들에는 흥미가 없어지고 신경도 쓰이지 않는다. 모든 마음과 몸의 에너지가 한 가지 일에 집중된다.하루가 빠르게 지나간다. 생활은 지극히 단순해진다. 다만, 내 의식은 내가 살아온 모든 날 중 가장 바쁘게 움직인다. 어디로? 앞으

314

로. 의식이 앞으로 한 발 한 발 내딛는 것. 한 걸음 내디딜 때마다 신음 소리가 터져 나오지만, 대신에 보이지 않던 풍경들이 새롭게 보인다.

내가 걷는 길은 포장되어 있지 않다. 도로가 아닌 끈적거리고 푹푹 빠지는 진창길, 나는 그 길을 걷는다. 그래서 이리도 힘든가 보다. 그 진흙은 여러 가지로 구성되어서 점성이 여간 높은 것이 아니다. 아마도 그 성분은 '현실 안주', '안전함', '포기' 같은 것들로 이루어져 있으리라. 지금은 한 걸음 한 걸음 내디딜 때마다 단전 깊은 곳에서부터 힘겨운 소리가 절로 끓어오르지만, 내 무의식의 발과 발목, 종아리, 무릎, 허벅지는 조금씩 단단해져 간다. 눈에 띄지 않을 뿐이다.

조금만 더 그렇게 계속 걷자. 멈추지만 말자. 그렇게 걷다 보면 어느새 편하게 걷게 된다는 걸 안다. 조금 더 지나면 휘파람도 불면서 걸을 수 있다는 것을 안다. 머지않아 가볍게 뛸 수도 있다. 그러기 위해 지금 한 발씩만 내딛자. 멈추지만 말자."

그날의 일기에 나는 '수행자'라는 제목을 붙여놓았다. '수행'에는 여러 뜻이 있지만, 내가 붙인 제목은 '생각하거나 계획한 대로 일을 해내는 사람'이라는 의미였다. 그즈음 내가 했던 많은 일들이 생각하고 계획한 대로 진행되지 않아서 이런 일기를 남겼다. 그런데도 일기의 마지막 부분에 '된다는 걸 나는 안다'라고 적었다. 그렇게 숨 막히던 절박한 순간에도 나는 나 자신을 믿었던 것이다.

그 당시 나는 절박했고, 정말 간절했다. 사람들이 '독하다'면서 흠칫 뒷걸음질 칠 만큼 '미친 끈기'를 정말 태어나서 처음으로 발휘했다. 그러는 동안 내가 할 일은 딱 하나였다. 나 자신을 믿어주는 일. 실은 쉽지 않았다. 자신을 신뢰하기가 왜 힘들었을까? 과거의 나는 그 전에 '이루어본 것'이 하나도 없었기 때문이다. 이 말은 자신에 대한 신용이나 담보 같은 것이 전혀 없었다는 뜻이다. 은행에서도 신용이나 담보 없이는 돈을 빌려주지 않는다. 돈을 빌려주지 않는다는 것은 은행에서 나를 믿을 '근거'가 없다는 뜻이다. 어쩌면 지금 당신도 과거의 나와 비슷한 마음을 느끼고 있을지도 모르겠다. 그때의 나는 나를 신뢰할 근거가 부족했다. 다만 시각화를 통해 미래를 보면서, 정말로 그걸 해낸 내 모습을 보면서 점차 나에 대한 신뢰를 쌓아갔다. 그래서 미친 사람처럼 무모하게 나를 '그냥' 믿을 수 있었다. 그리고 끝끝내 '기회'와 '행운'을 마주할 수 있었다.

나는 어떻게 했을까? 다음은 나의 무의식에 '성공 프로세스'가 설치된 과정이다.

1. 스스로 간절하고 절박하다면 '해야겠다' 혹은 '바꿔야겠다' 라는 생각이 든다.
2. 그 생각을 바탕으로 목표와 계획을 세운 후 '일단' 시작한다.
3. 실제 진행 과정은 계획과는 다르게 전개된다.
4. 그래도 계속한다. 이때 나에게 필요한 건 '끈기'다.
5. 나의 '의식'은 쉬지 않고 나에 대한 회의감이나 의심을 띄운다. 의식은 융통성 없는 원칙주의자여서 평소에 하지 않던

생각을 하거나 하지 않던 일을 하기 시작하면 '생존 위협' 신호를 띄우고 무의식을 방해한다.

6. 그럴 때마다 나는 융통성 없는 이 '의식'이 지금 '그저 자기 일을 열심히 할 뿐'이라는 사실을 알아차린 후, 정확히 '반대로' 한다. 즉, 나를 믿고 계속 나아간다.

7. 여전히 생각처럼 잘되지 않는다. 이 지점에서 사람들은 '실패했다'고 생각하지만, 내 생각은 다르다. 나는 지금 내가 원하는 일을 해내는 과정에 있다. 그 커리큘럼에는 원래 '잘되지 않는 순간'이 포함되어 있으며, 이 시기를 거쳐야만 모든 과정을 성공적으로 마칠 수 있다. 중간에 그냥 끝내버리는 짓만 하지 말자. 그럼 'F' 학점을 받은 것과 똑같으니까. 끝까지 가야 A든 B든 결과가 나온다.

8. 이 커리큘럼이 유독 어렵게 구성되어 있는 이유는 그 과목, 과제 혹은 목표가 다른 것들보다 월등히 좋기 때문이다. 쉬운 과목과 과제, 목표는 커리큘럼도 쉽다.

9. 어렵고 복잡한 커리큘럼을 듣고 싶어 하는 사람은 별로 없다. 다들 꺼려서 인기도 없다. 나만 이걸 듣고 있는 듯한 느낌이 든다. 그렇게 나는 고립된다. 혼자 있는 시간 동안 나는 수행자가 되어 수행을 한다.

10. 세상에 공짜는 없다. 그 무엇이든 대가가 있다. 끝까지 해내면 생각보다 훨씬 더 크고 빛나는 대가가 나에게 주어진다.

11. 그 대가는 다양하다. 성취감, 수천억으로도 살 수 없는 경험치, 다른 사람들의 인정…. 힘든 시기를 지나면 정말 놀라울 정도로 많은 것들이 나를 따라온다.

12. 나는 결국 끝까지 수행했고, 내가 원하는 그것을 해냈다. 나는 이를 '성공'이라고 부른다.

이렇게 '성공 프로세스'가 무의식에 한번 깔리면 그야말로 엄청난 무기가 된다. 무엇보다 드디어 스스로를 신뢰할 수 있는 '근거'가 생겼다. 한 번 해낸 자기 자신을 보다 안심하고 믿을 수 있게 되었으니 스스로에 대한 '신용'과 경험치라는 '담보'까지 일거양득이다. 이제 당신은 언제든, 그 어떤 상황에 놓인다 해도 스스로를 믿을 수 있다. 그런 믿음을 바탕으로 다시 해내고, 그다음은 더 쉽게 해낼 것이다. 이렇게 '성공 선순환 구조'가 무한 반복된다.

이때 반드시 기억해야 할 점이 하나 있다. '성공 프로세스'를 장착하는 이 과정은, 정신없이 돌아가는 일상 속에서는 수행할 수 없다. 예를 들어보자. 당신은 독서하는 중이다. 옆에서는 가족 혹은 지인들이 웃으며 대화를 나누고 있고, 주머니 속 스마트폰에서는 각종 알림이 쉬지 않고 울리고 있다면, 과연 당신은 제대로 책 한 장이나 읽을 수 있겠는가? 스마트폰을 내려놓고 오로지 혼자만의 시간과 공간 속으로 들어가야 한다. 일상에서 평소 하던 일을 그대로 다 하면서는 제대로 독서를 할 수 없다는 것이다. 결국 스스로 '고립'되어야 한다. 동굴 속으로 들어가야 한다. 당신이 간절히 원하는 일을 '해내려면' 그렇게 해야만 한다. 라이언 홀리데이는 저서 『브레이브』(다산초당, 2022)에서 이를 "황무지를 건너는 시간"

이라 말한 바 있다. 과거의 나 역시 어려움에 처하여 자연스럽게 주변 사람들과 멀어졌을 때가 오히려 인생 최고의 기회가 되었다. 나는 이런 상태를 '셀프 고립'이라고 부른다.

제2차 세계대전을 영국의 승리로 이끈 윈스턴 처칠은 자신의 정치 경력이 정점에 이르렀을 때, 본인의 의지와 상관없이 그 자리에서 내려와야 했다. 이후 거의 10년 동안 런던 외곽의 시골에서 '셀프 고립'의 시기를 보냈다. 사람들은 그의 정치 인생이 끝났다고 생각했겠지만, 사실 고립된 그는 더 깊어지고 있었다. 책을 읽고, 글을 쓰고, 휴식을 취하며 '생각'을 하고 있었기 때문이다. 처칠은 훗날 이렇게 말했다.

"고립되어 명상의 시간을 보내야 한다. 이것이 바로 정신적 다이너마이트가 만들어지는 과정이다."

상상을 현실로 만들어가는 과정이 결코 아름답지만은 않다. 그 길을 스스로와 대화하며 혼자 걸어가야 하니까. 만약 빠르게 돌아가는 세상에서 동떨어진 느낌이 들며 자신만 이상한 사람이 된 것 같다면, 당신은 지금 '성공하는 중'이다. 당신은 살면서 단 한 번이라도 스스로 고립을 선택한 적 있는가? 당신은 원하는 것을 이루거나 원하는 삶을 살아가고 있는가? 만약 이 두 개의 질문에 대한 대답이 모두 '아니요'라면 망설이지 말고 스스로를 고립시켜라. 당신만의 방으로 걸어 들어가서 자신만의 무언가를 이루어내라. 마침내 그곳에서 걸어 나오는 바로 그 순간, 당신 앞에 완전히 다른 세상이 기다리고 있을 것이다.

페이스메이커로
살지 마라

무엇이든 정말 잘 해내고 싶었던 사회 초년생 시절의 일이
다. 어느 순간부터 직장 선배와 나를 계속 비교하며 일을 했다.
그 직원은 선배지만 나이는 나와 동갑이었는데, 일 처리가 능
숙하고 빠르고 정확했다. 일을 잘한다는 평판도 늘 따라다녔
다. 그 직원이 '레벨 6'이었다면 나는 '레벨 1' 정도 되었던 것
같다. '동갑인데 레벨 6이라니, 어떻게 이럴 수가 있지?'라는
묘한 경쟁 심리가 발동하면서 그 직원을 의식하기 시작했다.
그러니까 마음속으로 따라잡아야 할 '숙명의 경쟁자'로 혼자

설정해놓고 소위 '새도복싱'을 하듯이 경쟁한 것이다. 살면서 우리는 종종(어쩌면 꽤 자주) 타인과 자신을 비교한다. 나는 정말 힘들게 한 걸음 왔는데, 벌써 세 걸음, 열 걸음 앞서 있는 타인의 삶을 보면 허무해지고, 무얼 할 의욕도 사라진다. 이럴 때는 도대체 어떻게 마인드셋을 해야 할까?   ↓

게다가 '질투'라는 감정도 따라붙는다. 나폴레온 힐은 이 '질투'야말로 가장 질이 좋지 않은 부정적인 에너지라고 한다. 꼭 기억하라. 질투를 하는 것은 '내가 나를 방해하는' 것이다.

당신 인생의
'완주 기록'은 무엇인가

———

사람들이 종종 예전의 나와 비슷한 고민을 내게 털어놓을 때마다 나는 "페이스메이커가 되지 말라"고 조언한다. 페이스메이커란 보통 육상, 그중에서도 마라톤이나 크로스컨트리 같은 경주 종목에서 같은 팀 선수들의 기량을 최상으로 이끌어주기 위해 페이스를 조절하며 함께 뛰는 선수를 말한다. 42.195킬로미터를 완주해야 하는 마라톤의 경우, 페이스메이커는 초반부터 선두권으로 달리며 페이스를 유지하다가 대략 30킬로미터 지점부터는 서서히 뒤로 처진다. 일부러 빠져주는 것은 아니다. 초반부터 자신의 페이스는 신경 쓰지 않고 모든 에너지를 쏟아부어 달리므로 30킬로미터 지점에 이르면 이미 지친 상태가 된다. 그런데 이들의 완주 여부는 그리 중요하지 않다. 애초부터 페이스메이커는 같은 팀에 있는 '에이스'가 좋은 기록을 낼 수 있도록 도와주는 '보조자'에 지나지 않기 때문이다. 페이스메이커는 같은 팀 선수들이 초반부터 불필요하게 빨리 달리거나, 다른 팀(국가) 선수들과 쓸데없는 신경전에 휘말려 페이스를 잃지 않도록 돕는다. 페이스메이커가 속도를 높여서 다른 팀 선수들의 체력을 고갈시키는 동안, 같은 팀 에이스 선수는 페이스메이커 뒤에 붙어서 뛰며 힘을 비축했다가 후반에 스퍼트를 확 낸다. 페이스메이커의 이야기는 10년 전에 영화로도 나온 적이 있다. 당시 영화 포스터의 문구는 다음과 같다.

'나는 완주해서는 안 되는 국가대표 마라토너입니다.'

영화 속 주인공은 분명 국가대표 마라토너인데, 페이스메이커이기 때문에 항상 30킬로미터까지만 달려서 정작 자신의 '완주 기록'조차 없다. 그렇다. 이들은 결국 자신의 페이스를 유지하지 못하고 중도 퇴장하는, 전략상 팀에서 희생을 맡은 사람이다.

내가 마라톤과 페이스메이커에 대한 이야기를 길게 늘어놓은 이유가 있다. 스스로 '에이스'가 아닌 '페이스메이커'로 살아가려는 이들이 생각보다 많기 때문이다. 자신과 타인을 비교하며 불필요하게 에너지를 낭비하다가 이내 지쳐버린다. 그런데 어느 누구도 아닌 당신의 삶이다. 100% 당신의 인생이다. 적어도 '당신이라는 삶'의 주인공은 바로 당신이어야 한다. 왜 자기 삶의 주인공인 '에이스' 자리는 정작 다른 사람에게 내어주고서는 스스로 페이스메이커, 그러니까 '내 인생의 보조 참가자'가 되려고 하는가. 자신의 페이스대로 가야 한다. 반드시 그렇게 해야 한다. 투자, 사업, 커리어, 운동, 시험 준비, 이직, 취업 준비…. 그 어떤 일이든 모두 당신의 페이스대로 해야 한다. 옆에 있는 사람이 뛰고 날아가는 것 같아도 불안해하지 마라. 당신이 이제 막 첫발을 뗀 상황이라면, 천천히 걷는 일부터 시작해야 한다. 그게 당신의 페이스다.

그리고 나중에 '진정한' 의미의 비교를 해보라. 당신이 출발선에서 얼마나 멀리 왔는지, 자신의 과거와 비교해보라는 말이다. 거기서 오는 뿌듯함과 성취감이라는 동력으로 당신은 계속 나아갈 수 있을 것이다. 물론 말처럼 쉽지는 않다. 그렇다고 언제까지 보조석에 앉아 다른 사람이 운전하는 세상을 살아갈 수는 없다. 나는 묻고 싶다. 내 세상의 무대에서는 내가 주인공이어야 하는데, 정작 다른 사람을 주인공으로 세우고 스스로 보조 참가자를 자처하는 이유는 무엇인가?

'부정 비교'는
내 인생에서 나를 배제하겠다는 것이다

'비교' 자체가 무조건 좋지 않은 것은 아니다. 비교에는 '부정 비교'와 '긍정 비교' 두 종류가 있다. 사회 초년생 시절 동갑내기 직장 동료와 했던 나의 비교는 명백히 '부정 비교'였다.

이 '부정 비교'에는 일반적으로 3가지 문제점이 있다. 과거 나의 경우를 통해 점검해보면 이러하다. 첫째, 기준이 내가 아닌 '타인'에 맞춰져 있다. 내 삶인데, 기준이 '다른 사람'이었던 것이다. 내가 그 사람 인생을 대신 살 게 아니라면, 내 삶의 기준이 그에게 맞춰져 있으면 안 된다.

둘째, '목표 설정'이 잘못되었다. 과거의 내 목표는 각고의 노력 끝에 '레벨 10'이 되는 것이어야 했는데 '그 사람을 이기는 것'을 목표로 삼았다. 그러면 내 성장은 레벨 7이 되는 순간 멈춰버릴 것이다. 과거의 나에게 누군가 다가와 "레벨 7이 되는 것이 삶의 목표인 이유가 뭐예요?" 하고 묻는다면, 나는 아무 말도 할 수가 없었을 것이다. "음…. 왜냐하면 레벨 6인 그 사람보다 저의 레벨이 무조건 더 높아야 하거든요"라는 말은 차마 부끄러워 입 밖으로 내뱉지도 못한다. 부끄럽다는 건, 뭔가 잘못되었음을 스스로 알고 있다는 뜻이다.

셋째, 나는 분명히 레벨 1인데, 레벨 6과 경쟁하려 했다. 과거의 나는 명백하게 '초급반'이었음에도 불구하고 '고급반'에 앉아 있고 싶어 했다. 그 사람은 고급반으로 올라가기까지 몇 년이 걸렸다. 그런데 나는 바로 다음 달에 고급반에 들어가서 그 사람보다 더 잘하고 싶어 한 셈이다. 당연히 그렇게 해낼 수 있는 사람은 그리 많지 않다. 그런데도 과거의 나를 비롯해 여전히 너무나 많은 이들이 부정적인 비교로 인해 스트레스를 받고, 열등감을 느끼며, 이런저런 생각에 밤잠을 설친다. 머릿속에 온통 '그 사람'뿐이다. 이것은 무엇을 의미하는가? 내 인생에, 내 무대에 '그 사람'이 주인공으로 완벽하게 등극하는 순간이자, 나 자신은 보조 출연자 혹은 페이스메이커로 확정되는 순간이다. 이것이 바로 '부정 비교'의 결과다.

반면에 '긍정 비교'는 다른 결과를 불러온다. 긍정 비교를 하는 방법은 매우 간단하다. '그 사람'과 비교하는 대신 수많은 '나'와 비교하면 된다. 과거의 당신과 지금의 당신을 비교해보라. 5년 전의 당신과 비교했을 때 지금의 당신은 얼마나 많은 것들을 이루었는가? 작년의 당신과 올해의 당신은 어떻게 달라졌는가? 지난달의 당신보다 이번 달의 당신이 하나라도 더 실행한 것은 무엇인가? 어제의 당신보다 오늘의 당신이 단 1%라도 나아진 점이 있는가? 과거의 수많은 당신과 지금의 당신을 비교하라. 이 방법만이 완주는 물론이고 우승 페이스를 스스로 유지하며 달리는 유일한 방법이다.

당신은 '어떤' 당신이 아니다
그저 당신일 뿐이다

당신은 무엇을 절실하게 원하는가? 지금 그것을 떠올려보라. 그게 '레벨 10'이 되는 것이라면, 당신은 '레벨 10'으로 올라가기 위한 길을 가면 된다. '레벨 6'인 엄한 사람과 비교해가며 '레벨 7'이 되자마자 드디어 이겼다고 환호하는 것은 당신이 원하는 바가 아니다. 시간이 흘러 '이게 정말 내가 원하는 삶이었나?'라며 자신에게 되묻는 허무한 결말을 맞기를 원치 않는다면 그렇게 해서는 안 된다. 당신은 그저 당신이다. 당신은 그 사람보다 더 잘난 당신이 아니다. 마찬가지로 그 사람보다 못난 사람도 아니다. 다시 한번 강조한다. 당신은 그저 당신일 뿐이다. 태어날 때부터 그랬고, 삶의 마지막 순간까지도 변함없이 그러하다. 그러니 부디 '레벨 10'을 향한 당신만의 길을 걸어가기를.

두려움, 망설임, 막연함을 넘어서는
가장 쉬운 방법

유튜브 〈하와이 대저택〉 채널을 운영하며 수많은 사연을 받는다. 감동, 희망, 기쁨, 의지, 간절함이 담긴 댓글을 보면 내가 뭔가를 해냈을 때와 똑같은 벅찬 감정이 올라온다. 반대로 과거의 나쁜 경험에서 비롯된 망설임, 현재 진행 중인 두려움, 실패로 인한 좌절과 절망이 담긴 댓글도 있다. 나는 유독 이런 사연에 시선이 간다. 너무 많은 사람이 여전히 실패가 두려워 시작 못 하고, 시작 못 하니 성공하지 못하고, 다시 해보겠다는 의지 대신 번번이 좌절을 선택한다.

시도하기도 전에
늘 두렵고 무서운 이유

———

사람은 앞에 놓인 무언가의 '정체'를 알 수 없을 때 가장 큰 공포를 느낀다. 무엇 때문에 두려운지 알 수 없어 용기를 낼 수 없고, 용기를 낼 수 없으니 대응할 수 없다. 일단 두려움을 느낀다면 무엇 때문에 두려움을 느끼는지 그 이유를 알아봐야 한다.

나는 꽤 오랜 시간 수백 권의 심리와 경제 관련 책을 읽으며 나름의 해답을 찾았다. 결론은 사람의 '본능'에 있었다. 심리학자로서는 세계 최초로 2002년 노벨경제학상을 수상한 대니얼 카너먼에 따르면, 인간은 무언가를 얻었을 때의 기쁨보다 잃었을 때 느끼는 고통이 2.5배 정도 강하다. 즉 100원을 얻었을 때 기쁨보다 100원을 잃었을 때 고통이 더 크기 때문에 우리의 의사결정이 소위 '합리적'이지 않은 것이다. 이를 '손실 회피 경향'이라고 한다.

만약 성공의 기쁨과 실패의 고통이 똑같이 일대일의 비율이라면 인간은 매 순간 합리적인 선택을 할 것이다. 그런데 성공의 기쁨보다 실패의 고통이 무려 2.5배나 더 크기 때문에 우리는 두려워하고 움츠러드는 것이다. 만약 당신이 지금 그런 상태에 놓여 있다면, 이는 지극히 '인간적인', '인간 고유의 본성'이 잘 발현되는 건강한 상태임을 의미한다. 사실 그 어떠한 도전도 하지 않고 희망이나 의지가 전혀 없다 해도, 인간이 살아가는 데는 아무런 지장이 없다. 여기서 '살아간다'는 것은 말 그대로 '생물학적으로' 숨이 붙어 있는, 그냥 살아 있는 상태를 말한다. 희망이나 의지, 인생을 바꾸고 싶은 절실함이 없어도 숨 쉬고 살아가는 데는 아무런 지장이 없다는 것이다. 심지어 무기력한 삶이라고 할지라도 생물학적으로는 얼마든지 문제 없이 살아간다. 그것이 설령 사람보다는 짐승에 더 가까운 상태일지라도 말이다.

그런데 반대로 두려움이나 무서움이 지속되면 사람은 살 수가 없다. 그 상태가 지속된다면 정신적인 문제는 물론이고, 스트레스로 인한 각종 신체 질환에 시달리기 마련이다. 우리는 보통 언제 두려움과 무서움에 사로잡힐까? 바로 '익숙하지 않은 것'을 할 때이다. 평소에 잘하지 않는 일, 혹은 한 번도 해본 적 없는 것을 할 때 우리는 두려움부터 느낀다. '도전'이라는 행동, 그 도전을 위한 '시작'이 그렇게도 어려웠던 이유가 바로 이것이다.

지금 느끼는 두려움에
합당한 근거가 있는가

———

한 가지 예를 들어 살펴보자. 당신은 비행기를 얼마나 자주 타는가? 교통수단의 특성상 아무리 자주 탄다고 해도 비행기보다 자동차를 훨씬 많이 이용하게 되어 있다. 비행기의 경우 '어쩌다 한 번씩' 타는 사람들이 대부분이다. 반면 자동차는 우리 일상에서 아주 익숙한 교통수단 중 하나다. 돌이켜보면 나역시 비행기를 탈 때마다 '추락'에 대한 막연한 공포를 작게나마 지니고 있었다. 그런데 미국 교통당국 통계에 따르면 사람이 비행기 사고로 사망할 확률은 0.0009%로, 자동차 사고로 사망할 확률 0.03%와 비교하면 '압도적으로 안전'하다. 자동차 사고로 죽을 확률이 30배 이상 높다! 즉 우리가 비행기를 타기 위해 인천공항까지 자동차를 타고 가는 길에 죽을 확률이 비행기 사고로 죽을 확률보다 30배나 높다는 것이다. 그런데도 우리는 자동차보다 비행기 사고에 대한 두려움이 더욱 크다. 비행기를 타는 행위가 '익숙하지 않기' 때문이다.

정리하면, 비행기가 다른 교통수단보다 훨씬 안전함에도 불구하고 인간은 공포심에 시달린다. 단지 '익숙하지 않다'는 이유로.

두려움과 공포심의 크기는
어떻게 결정되는가

인간이라면 당연히 리스크나 실패를 두려워한다. 그런데 뭔가 이상하지 않은가? 똑같은 인간인데 어떤 이는 마치 두려움이 없는 듯이 도전하고, 시작하고, 실패하고, 망하고, 망신도 당하다가 끝끝내 성공을 해내는 반면, 어떤 이는 두려움이라는 거대한 장벽에 가로막혀 평생을 힘들어한다. 심지어 그렇게 고통스러워하면서도 '나만 그런가. 인생이 원래 그렇지 뭐'라고 체념하며 살아간다.

무엇 때문에 이런 차이가 생기는 것일까? 단순히 타고난 기질이나 MBTI 때문은 아니다. 이는 바로 두려움을 대하는 '자신의 태도'에 답이 있다. 태도의 차이에 따라 두려움의 크기가 달라진다. 사실 두려움이라는 건 세상에 물리적으로 실재하지 않는다. 스스로가 어떻게 받아들이느냐에 따라 그 존재 유무와 크기가 결정될 뿐이다. 다시 한번 강조하지만 두려움의 실체는 없다. 당연히 눈에 보이지도 않는다. 보통 사람들은 눈에 보이지 않으면 믿지 않으려는 경향이 있다. 무의식, 끌어당김의 법칙, '나'라는 사람의 잠재력…. 이런 것들은 눈에 보이지 않는다는 이유로 믿고 싶어 하지 않고 관심도 가지지 않으면서, 유독 두려움은 넘어서지 못한다. 결국 성공은 당신이 두려움을 얼마나 '잘 다루느냐'에 달려 있다. 인생을 바꾸고 싶다는 생각을 현실화하기 위한 행동을 시작하고, 문제가 생겼다고 '셀프 퇴장'하지 않는 것. 이 모든 것이 두려움을 어떻게 다루는지에 따라 결정된다.

오직 당신이 허락할 때만
당신은 무너질 수 있다

———

"무서워하지 마라. 두려워할 필요 없다." 이런 구호가 큰 힘이 된 적이 있는가? 아마 없을 것이다. 와닿지가 않으니까. 당신이 두려움을 느끼는 것은 지극히 당연하다. 다만, 지금부터 내가 하는 이야기를 꼭 기억해주기 바란다. 당신이 한 번도 갖지 못한 걸 갖고 싶다면, 당신이 한 번도 해본 적 없는 걸 해야 한다. 익숙한 곳을 벗어나 익숙하지 않은 곳에 이르기 위해서는 중간에 놓인 '불편의 다리'를 건너야 한다. 이때 몰려오는 감정이 바로 '두려움'이다.

나 역시 그랬다. '투자'라는 것을 처음 시작할 때도, 또 다른 분야에 투자하기로 마음먹고 실행할 때도 손실의 공포와 두려움은 항상 내 옆에 있었다. '파이어족의 삶'을 선택할 때 역시 마찬가지였다. 불편의 다리를 건너는 과정에서 무섭고 두려운 마음은 늘 내 옆을 따라다녔다. 나 역시 당신과 똑같은 사람이다. 무의식에 부와 성공의 소프트웨어를 장착하여 나의 잠재력이 얼마나 위대한지 이미 다 알고 있지만, 두려움의 무게는 매번 똑같다. 시작한 일이 생각대로 잘되지 않으면 '이러다 망하는 거 아닌가' 하는 생각에 밤잠 이루지 못한 날도 허다하다. 사람인 이상 어쩔 수 없다. 그러나 그 감정에 휘둘릴 순 없지 않은가. 그럴 때마다 내가 사용한 방법이 있는데, 바로 '감정 의인화'다. 나는 두려움을 비롯한 부정적인 감정을 인지하는 순간 이렇게 받아들이고자 노력한다.

'나는 정말 엄청난 잠재력을 지닌 사람이니까, 내 안의 나 또한 엄청나게 거대하다.'

이런 생각을 하다 보면 가끔씩 찾아오는 부정적 감정들이 거대한 나에 비해 초라할 정도로 작게 느껴진다. 그러고는 여유로운 마음으로 부정적 감정에 말을 건넨다. "여기 옆에 의자 놓아줄게. 앉아 있다가 가라." 그래도 부정적 감정은 굴하지 않고 나를 공격하지만 거대한 나에게 어떠한 피해도 주지 못한다. 나에게 부정적 감정들은 그저 파리나 모기 같은 것일 뿐이다. 이렇게 생각하면 신기하게도 부정적 감정은 얼마 지나지

않아 힘을 잃고 흐물거리다 사라진다. '유치하다'고 느껴질지
는 몰라도 부정적 감정을 다스리기 위해 내가 해본 모든 방법
중에 가장 효과가 좋았다. 정말 그랬었다. 지금도 나는 이 방법을 사용한다.

부정적 감정이 올라올 때 이를 애써 '외면'하는 것은 좋지
않다. 그러면 오히려 안에서 쌓일 대로 쌓이다가 나중에 별일
아닌 일에 폭발한다. '감정을 조절하지 못하는' 상태에 빠지며
자칫 일상마저 흔들릴 수 있다. 반면, 두려움을 포함한 각종 부
정적 감정을 바로 보려고 노력하면, 부정적 감정들은 별다른
힘도 쓰지 못하고 금세 사라져버린다. 당신의 삶에서 두려움
을 작고 쓸모없는 존재로 만들지, 거대한 장벽으로 만들지는
100% 당신의 선택에 달려 있다.

무한한 가능성을 안고
무덤으로 들어가지 마라

———

『시작의 기술』의 저자 개리 비숍은 다음과 같이 말한다.

"우리는 종종 실패한 뒤에 펼쳐질 일들을 그려보곤 하는데,
현실은 그와는 다르다. 사업이 망한다고, 실직했다고 죽는 것
은 아니다. 크게 숨을 한번 들이쉬고, 다시 전열을 가다듬고 다

른 방향을 향해 출발하면 된다. 당신은 살아 있다. 당신의 맥박은 여전히 뛰고 있다. 그 정도면 충분하다. 실패했다고 죽을 것처럼 걱정하지 마라. 실패에 담긴 뜻을 현실적으로 받아들이는 법을 배워라."

'실패'에 대한 두려움 때문에 '시작'이 너무 힘든가? 몇 번의 실패로 다시 시작할 힘이 없는가? 딱 한두 번만 실패했으면 싶은가? 이러한 생각들엔 공통점이 하나 있다. 모든 초점이 '실패'에 맞춰져 있다는 것이다. 당신은 정말로 '성공'을 원하는 사람이 맞는가? 개리 비숍의 말처럼 실패에 담긴 뜻을 현실적으로 받아들여야 한다. 성공하는 과정에 실패는 무조건 동반된다. 실패 없이 성공한 자는 없다. 이 사실을 인정하라. 무엇보다 당신은 살아 있다. 살아 있는 한 무엇이든 해낼 수 있다. 이 모든 것은 '성공하는 과정'일 뿐이다.

그렇다. 당신은 지금 '성공하는 중'이다.

THE MIND

당신은 더 많은 삶을 살아갈
자격이 있다

내가 1억을 더 버는 바람에 당신은 1억을 잃는다. 내가 인생의 멋진 일을 한 가지 경험함으로 인해 당신은 좋은 기회를 놓치고 만다. 이것이 바로 제로섬 세상zero-sum society이다. 그런데 감사하고 다행스럽게도 세상은 이렇지 않다. 우리가 누릴 수 있는 부는 무한하며, 할 수 있는 경험도 끝이 없다. 결국 우리가 살아가는 세상에 부와 경험의 한계란 없다. 나와 당신, 우리는 더 많은 삶을 살아갈 수 있다는 뜻이다.

나는 10년을 직장인으로 살았다. 매 순간 온 마음을 쏟았지만, 온갖 업무 전화와 이메일 끝에 으레 붙는 "감사합니다"라는 말 외에는, 진심이 담긴 감사 같은 건 10년간 단 한 번도 받아본 적이 없었다. 아니, 그런 감사의 말을 기대하지도 않았다. 나 역시 그저 내 할 일 잘하고, 월급 받아서 우리 가족이 잘 먹고 잘 사는 것이 인생의 목표였으니까.

그런데 지금 사람들은 내게 감사의 인사를 건네온다. "덕분에 인생이 바뀌었다"며, 내가 한 가정을 구했다며 진심 어린 감사 인사를 전해온다. 두 아이를 두고 극단적인 선택을 하려던 가장이 나로 인해 새 인생을 살아가게 되었다고 말해준다. 폐업을 고민하던 이는 '나로 인해' 매달 억 단위 수입을 거두게 되었다며 감사의 편지를 보내온다. 전율이 일었다. 직접 느껴보지 않았다면 평생 몰랐을 감정이 솟구쳤다. 동시에 감사함과 긍정의 플러스 에너지가 나의 정신과 마음에 온전히 가득 차오르는 것을 느꼈다. 이 감정을 알게 된 이상, 나는 이제 더는 예전처럼 살 수 없었다. 그리고 결정적으로, 내 주위의 모든 사람이 잘되면 잘될수록 나 역시 더욱 잘된다는 평범한 진리를 마음 깊이 깨달았다. 나의 성공 여정을 있는 그대로 공유하고 그 중심에 있는 '마인드'를 알리는 이 책을 쓰게 된 이유다.

이 책의 마지막 장까지 읽어준 바로 당신에게 진심으로 감사한 마음을 전한다. 이 책을 통해 삶이 조금이라도 변했거나 혹은 변할 것이라 확신하는 당신에게도 너무나 감사한 마음을 전하고 싶다.

마지막으로, 사소한 모든 일을 위대하게 할 수 있게 만들어 주는 내 에너지의 원천인 사랑하는 아내와 하루에도 수십 번씩 "아빠" 하고 불러주는 다정한 딸에게도 진심으로 감사하다고 말하고 싶다.

감사함, 그리고 사랑.
눈으로 볼 수 없지만 우리 삶에서 가장 소중한 것이 아닌가.
그러니 부디, 절대 잊지 마시라.
보이지 않는 당신의 마인드를 믿어라.
그걸 믿고 있는 당신도 믿어라.

당신은 성공한다.
당신이 그렇게 믿었기 때문에!